"Eu pagaria dez ou cem vezes mais por este livro apenas pelo extraordinário sumário. Na verdade, sugiro que você cole a página na parede de seu escritório em casa ou no trabalho e use-a como uma lista de verificação diária/estímulo para a ação. Por favor, não 'leia' *Uma Nova Forma de Pensar*. Devore-o, mergulhe nele — de cabeça e, especialmente, de coração. É certeiro e, se aplicado com assiduidade, garanto que mudará a sua vida, a vida daqueles com quem você trabalha e a comunidade em que está inserido."

— **TOM PETERS**, guru da administração; autor do best-seller *In Search of Excellence*

• • •

"Roger Martin tem um dom inegável de simplificar cenários complexos e matizados de gestão e estratégia ao seu cerne. E esse cerne nem sempre é o que você supõe. Muitas vezes, criamos empecilhos para resolver problemas com uma nova forma de pensar, pois temos medo de que não produza melhores resultados do que os métodos testados e comprovados. Martin nos fornece uma estrutura para analisar os problemas mais comuns através de uma nova lente, que nos fará chegar à solução mais eficaz e de longo prazo."

— **JULIA HARTZ**, cofundadora e CEO da Eventbrite

• • •

"*Uma Nova Forma de Pensar* é um guia essencial para construir organizações que prosperam — em meio às incertezas de hoje e do futuro. Este livro é como passar um dia na companhia de um grande mentor, que vai além de toda a baboseira da moda sobre gestão para oferecer aos leitores as verdades ocultas e perguntas atemporais que sua organização de fato precisa para alcançar seu potencial."

— **ZACHARY FIRST**, diretor-executivo do Drucker Institute

• • •

"Em *Uma Nova Forma de Pensar*, Roger Martin desvenda por que tantos adorados frameworks de negócios não estão funcionando e nos oferece alternativas mais inteligentes."

— **DREW HOUSTON**, CEO do Dropbox

• • •

"Em vez de substituir os modelos tradicionais por modelos melhores, sou a favor da proposta subjacente de Roger Martin neste livro: substituir as formas tradicionais por novas formas de pensar, que devem mudar de algo centrado na organização para centrado no valor humano."

— **ZHANG RUIMIN**, fundador, presidente emérito e membro de conselho de administração do Haier Group

• • •

"É o Waze da liderança executiva. Por meio de vinhetas sucintas e divertidas, Roger Martin ajuda você a se orientar pelo território, fazer as escolhas certas e evitar ser vítima de erros comuns. *Uma Nova Forma de Pensar* é uma leitura importante para quem lidera uma organização!"

— **STEPHANIE COHEN**, co-head global de gestão de consumidor e patrimônio da Goldman Sachs

• • •

"Para se manter ágil e competitivo, você precisa questionar suas suposições mais básicas sobre a melhor maneira de fazer negócios. Ninguém faz isso com mais clareza do que Roger Martin. *Uma Nova Forma de Pensar* vai ajudar você a enfrentar suas decisões mais difíceis e sobreviver e prosperar como líder."

— **ALEX OSTERWALDER**, cofundador da Strategyzer; coautor do best-seller *Business Model Generation*

UMA NOVA FORMA DE PENSAR

UMA NOVA FORMA DE PENSAR

Guia para a máxima eficácia em gestão

ROGER L. MARTIN
**PROFESSOR EMÉRITO DE GESTÃO
ESTRATÉGICA DA UNIVERSIDADE DE TORONTO**

ALTA BOOKS
GRUPO EDITORIAL
Rio de Janeiro, 2024

Uma Nova Forma de Pensar

Copyright © **2024** STARLIN ALTA EDITORA E CONSULTORIA LTDA.

Copyright © **2022** ROGER L. MARTIN.

ISBN: 978-85-508-2168-9

Translated from original A New Way to Think. Copyright © 2022 by Roger L. Martin. ISBN 9781647823511. This translation is published and sold by arrangement with **Harvard Business Review Press***, the owner of all rights to publish and sell the same. PORTUGUESE language edition published by Grupo Editorial Alta Books, Copyright © 2024 by* **Starlin Alta Editora e Consultoria LTDA.**

Impresso no Brasil — 1ª Edição, 2024 — Edição revisada conforme o Acordo Ortográfico da Língua Portuguesa de 2009.

	Dados Internacionais de Catalogação na Publicação (CIP) de acordo com ISBD
M379n	Martin, Roger L.
	Uma Nova Forma de Pensar: Guia para a Máxima Eficácia em Gestão / Roger L. Martin. - Rio de Janeiro : Alta Books, 2024.
	224 p. ; 16cm x 23cm.
	Inclui índice.
	ISBN: 978-85-508-2168-9
	1. Administração. 2. Gestão. 3. Eficácia. I. Título.
	CDD 658.401
2023-1968	CDU 658.011.2
	Elaborado por Vagner Rodolfo da Silva - CRB-8/9410
	Índice para catálogo sistemático:
	1. Administração : Gestão 658.401
	2. Administração : Gestão 658.011.2

Todos os direitos estão reservados e protegidos por Lei. Nenhuma parte deste livro, sem autorização prévia por escrito da editora, poderá ser reproduzida ou transmitida. A violação dos Direitos Autorais é crime estabelecido na Lei nº 9.610/98 e com punição de acordo com o artigo 184 do Código Penal.

O conteúdo desta obra fora formulado exclusivamente pelo(s) autor(es).

Marcas Registradas: Todos os termos mencionados e reconhecidos como Marca Registrada e/ou Comercial são de responsabilidade de seus proprietários. A editora informa não estar associada a nenhum produto e/ou fornecedor apresentado no livro.

Material de apoio e erratas: Se parte integrante da obra e/ou por real necessidade, no site da editora o leitor encontrará os materiais de apoio (download), errata e/ou quaisquer outros conteúdos aplicáveis à obra. Acesse o site www.altabooks.com.br e procure pelo título do livro desejado para ter acesso ao conteúdo..

Suporte Técnico: A obra é comercializada na forma em que está, sem direito a suporte técnico ou orientação pessoal/exclusiva ao leitor.

A editora não se responsabiliza pela manutenção, atualização e idioma dos sites, programas, materiais complementares ou similares referidos pelos autores nesta obra.

Grupo Editorial Alta Books

Produção Editorial: Grupo Editorial Alta Books
Diretor Editorial: Anderson Vieira
Editor da Obra: José Ruggeri
Vendas Governamentais: Cristiane Mutüs
Gerência Comercial: Claudio Lima
Gerência Marketing: Andréa Guatiello

Assistente da Obra: Viviane Corrêa
Tradução: Wendy Campos
Copidesque: Ana Gabriela Dutra
Revisão: Rafael Surgek; Denise Himpel
Diagramação: Rita Motta
Revisão Técnica: Lilian Massena Gallagher
- autora de *Investimento para Leigos*

Rua Viúva Cláudio, 291 – Bairro Industrial do Jacaré
CEP: 20.970-031 – Rio de Janeiro (RJ)
Tels.: (21) 3278-8069 / 3278-8419
www.altabooks.com.br – altabooks@altabooks.com.br
Ouvidoria: ouvidoria@altabooks.com.br

Editora afiliada à:

Para Marie-Louise, o amor da minha vida

Sumário

Introdução   1
Pensando de Forma Diferente sobre os
Fundamentos da Gestão

PARTE 1
Contexto

    1. Concorrência   13
        Acontece na linha de frente, não na sede.

    2. Stakeholders   24
        Para realmente criar valor para o acionista, priorize
        os clientes aos acionistas.

    3. Clientes   34
        A solução familiar geralmente supera a solução perfeita.

PARTE 2
Escolhas

    4. Estratégia   49
        Na estratégia, o que conta é o que deveria ser verdade
        — não o que é verdade.

5. Dados 66
   Criar grandes escolhas requer mais imaginação do que dados.

PARTE 3
Estrutura de Trabalho

6. Cultura 81
   Você só pode mudar a cultura alterando a forma como os indivíduos trabalham uns com os outros.

7. Trabalho do Conhecimento 98
   Você deve se organizar em torno dos projetos, não do trabalho.

8. Funções Corporativas 111
   Elas também precisam de estratégia.

PARTE 4
Atividades-chave

9. Planejamento 127
   Reconheça que o planejamento não substitui a estratégia.

10. Execução 137
    Aceite que execução é o mesmo que estratégia.

11. Talento 150
    Sentir-se especial é mais importante do que a remuneração.

12. Inovação 162
    O design de intervenção é tão crítico quanto a própria inovação.

13. Investimento de Capital   174
   Suponha que seu valor é redefinido assim que é incorporado.

14. Fusões e Aquisições   187
   É preciso oferecer valor para obter valor.

Posfácio   197

Índice   201
Agradecimentos   207
Sobre o Autor   211

Introdução

Pensando de Forma Diferente sobre os Fundamentos da Gestão

Costuma-se dizer que insanidade é fazer a mesma coisa repetidas vezes, mas esperar resultados diferentes. Por essa definição, eu vi muito disso nas minhas quatro décadas como consultor de estratégia.

Quando executivos e gerentes descobrem que uma determinada estrutura, prática geral, teoria ou maneira de pensar — que chamarei de "modelo" para resumir — não leva ao resultado desejado, eles quase automaticamente assumem que o modelo em questão não foi aplicado com rigor suficiente. A diretriz, portanto, é reaplicar o modelo, com mais eficácia. E, quando isso produz o mesmo resultado insatisfatório, a receita é tentar com ainda mais afinco. Se o foco na maximização do valor do acionista não gerar o resultado esperado, a resposta é se concentrar mais individualmente no valor do acionista. Se tornar a execução uma prioridade não resultar em uma melhor execução, a resposta é atribuir ainda mais prioridade à execução. Se a sua cultura não mudar na direção que você deseja, a resposta é exigir que a cultura mude com ainda mais agressividade.

Os modelos existentes são extraordinariamente duradouros apesar da ineficácia, e isso se deve ao uso automático de modelos para organizar nosso pensamento e ação. Como aponta John Sterman, professor de dinâmica de sistemas da MIT Sloan, os seres humanos não escolhem conscientemente aplicar ou não um modelo; "a questão recai apenas sobre qual modelo usar". Nesse cenário de "qual modelo", preferimos aplicar a maneira conhecida e aceita de pensar sobre o problema em questão, pois sabemos que pensar a partir de primeiros princípios, como às vezes devemos fazer quando nos deparamos com uma situação sem precedentes para a qual não temos modelo, é árduo, demorado e assustador. E uma vez que tenhamos nos deparado com essa nova situação, da próxima vez certamente aplicaremos alguma forma do modelo que descobrimos. Preferimos usar os modelos existentes porque é mais fácil e rápido. Essa tendência é reforçada repetidamente em nosso treinamento formal. Desde o início, o sistema educacional nos ensina modelos — como multiplicar, como estruturar um parágrafo, como categorizar espécies — e nos leva a usá-los reiteradamente até que cada um se torne uma segunda natureza.

Com a educação empresarial não é diferente. Ela ensina uma vasta gama de modelos — Cinco Forças, CAPM, os 4 Ps, EOQ, Black-Scholes, GAAP, WACC, para citar apenas alguns. Com o tempo, os modelos concorrentes lutam pela dominância e, como acontece na natureza entre as espécies, normalmente há convergência em um design preponderante em cada domínio da gestão. Os modelos vencedores tendem a se tornar a sabedoria empresarial. Esses vencedores são usados repetidas vezes, tornando-se a estrutura padrão nos contextos para os quais foram projetados. Portanto, não deve ser surpresa que, quando um desses modelos não parece funcionar, o gerente em questão não rejeite o modelo, mas assuma a responsabilidade pessoal por não aplicá-lo corretamente. É extremamente difícil — e socialmente arriscado — questionar um modelo estabelecido com muitos adeptos e começar a construir um novo modelo a partir do zero.

Esse processo de questionamento e construção tornou-se meu trabalho, embora eu tenha levado um tempo colaborando com meus clientes para descobrir que esse realmente era meu trabalho. Executivos, principalmente CEOs, me contratam para ajudá-los a melhorar o desempenho de suas empresas. Em geral, isso significa que há algo que os frustra ou preocupa de alguma forma — algo que não está funcionando tão bem quanto desejam, ou eles não teriam me contratado em primeiro lugar. Para ajudá-los, preciso diagnosticar por que os resultados não são os desejados. Tornou-se claro para mim ao longo dos anos que, em quase todos os casos, os maus resultados não eram fruto de não trabalharem com diligência suficiente em busca de seus objetivos, mas, sim, porque o modelo que orientava suas ações não estava à altura da tarefa.

Em um exemplo clássico, um cliente me contratou para descobrir por que seu programa de P&D produzia vitórias cada vez menores, embora a empresa tivesse investido cada vez mais tempo e energia na triagem de projetos de P&D por meio de um rigoroso processo de *stage-gate* que eliminou os projetos que se mostraram menos promissores. Apesar de todo esse rigor, a empresa não tinha um produto realmente inovador há vários anos. Ficou claro para mim que o modelo que orientava implicitamente suas ações era pautado no fato de que a triagem precoce baseada na análise rigorosa dos dados de mercado disponíveis aumentaria a produtividade de P&D por meio da eliminação de perspectivas improváveis, liberando tempo e recursos para as perspectivas mais promissoras.

Na superfície, esse modelo fazia sentido. Mas quando observei atentamente o processo, percebi que a metodologia de triagem que o cliente usava envolvia projetar vendas futuras com base em dados existentes atualmente. Isso significava que, em inovações com pequenas variações no status quo, dados relativamente convincentes tendiam a estar disponíveis, e esses projetos passavam pelos vários *gates*. No entanto, para inovações mais relevantes não havia bons dados disponíveis (porque as ideias eram novas) e, portanto, as projeções de enormes vendas futuras tendiam a ser descartadas como especulativas. Em outras palavras, o modelo que parecia sensato era logicamente falho: baseava-se na disponibilidade de bons dados de mercado, mas os dados de mercado existentes provavelmente não são relevantes para inovações genuinamente impactantess.

Mas havia um modelo diferente que a empresa poderia usar? Sim, e ele era baseado na observação do filósofo pragmático norte-americano Charles Sanders Peirce de que nenhuma ideia nova na história foi provada analiticamente antes, o que significa que, se você insistir na prova rigorosa dos méritos de uma ideia durante seu desenvolvimento, você a matará se ela for verdadeiramente inovadora, pois não haverá prova antecipada de suas características inovadoras. Portanto, ao examinar projetos de inovação, um modelo melhor é aquele que faz você avaliá-los com base na força de sua lógica — a teoria por trás do motivo de a ideia ser boa —, não na força dos dados existentes. Então, à medida que você se aprofunda em cada projeto que passa no teste de lógica, é preciso procurar maneiras de criar dados que permitam testar e ajustar — ou talvez abortar — a ideia conforme você a desenvolve.

No caso do meu cliente com o problema de P&D — e milhares de outros como ele —, aplicar o modelo com mais diligência não era a resposta. Resolver o problema exigia *uma nova forma de pensar*. Era necessário um modelo diferente. Isso se tornou o cerne do meu trabalho. Em vez de aceitar o modelo existente de um cliente, eu analisava quais aspectos do modelo não atendiam às necessidades do problema para o qual foi projetado. E, mais importante, havia uma maneira diferente e mais poderosa de pensar sobre o problema?

Olhando em retrospecto para minha carreira, percebo que sempre fui fascinado por modelos em virtude do grau em que eles moldam tudo o que fazemos. Desde a escola fundamental e ao longo da minha educação formal, questionei os modelos que meus professores me ensinaram. Como eles sabiam que o mundo funcionava dessa maneira? Eles tinham certeza disso? Funcionou em todos os casos? Fazer essas perguntas foi o modo que aprendi e cheguei ao que eu achava que era uma resposta melhor. E, embora eu tenha certeza de que muitos de meus professores, chefes e clientes acharam meu constante questionamento irritante, alguns também acharam as perguntas interessantes e agiram de acordo com as respostas que criamos juntos. E isso me levou a este livro.

Os Modelos, a *Harvard Business Review* e um Livro

Sempre que descubro que um dos meus modelos alternativos é útil para resolver uma determinada classe de problemas em vários clientes, escrevo sobre o tema para compartilhar os conselhos mais amplamente. Meu lugar favorito para fazer isso tem sido a *Harvard Business Review* (HBR) com meu parceiro editorial favorito, o editor sênior David Champion, com quem escrevi vinte artigos da HBR desde nosso primeiro juntos em 2010.

Nem todos os artigos com David tratam de um modelo dominante que não está produzindo os resultados desejados e fornecem uma alternativa superior. Mas, em determinado ponto durante nossas colaborações, David observou que um bom número deles fazia isso, e sugeriu escrevermos um livro inteiro sob essa perspectiva. Este livro é o fruto dessa conversa. Cada um dos quatorze capítulos independentes compara um modelo dominante, mas falho, a uma alternativa que defendo como superior.

No entanto, não sou tão arrogante a ponto de afirmar que minha alternativa é o modelo certo ou perfeito. Venho da escola de falsificacionismo de Karl Popper/Imre Lakatos. Tal como eles, não acredito que haja respostas certas ou erradas, apenas melhores e piores. Deve-se sempre usar o melhor modelo disponível, mas observe atentamente para saber se ele produz os resultados prometidos. Em caso positivo, continue usando. Caso contrário, você deve trabalhar na criação de um modelo melhor — um que produza resultados mais de acordo com seus objetivos. Mas tenha certeza de que, no devido tempo, seu novo modelo também deixará a desejar e será substituído por um modelo ainda melhor.

Estou ciente de que muitos gerentes e executivos são treinados como cientistas e, quando somos treinados dessa maneira, podemos muito bem pensar que existe, de fato, uma resposta ou modelo certo para aplicar em qualquer situação. No entanto, se você pensa assim, devo lembrá-lo que os modelos de física de Sir Isaac Newton foram amplamente ensinados como absolutamente certos por mais de um século, até o momento em que o mundo descobriu, graças a Albert Einstein, que eles não estavam totalmente certos, mas em grande parte. Não estou prometendo fornecer quatorze modelos corretos neste livro. Em vez disso, proponho que meus quatorze modelos novos ou diferentes fornecerão uma melhor probabilidade de obter um resultado desejado do que o modelo substituído. E estou pronto para conhecer o próximo pensador que melhorá cada um dos meus modelos.

Finalmente, quero salientar que, ao longo dos quatorze capítulos, você descobrirá que uso reiteradamente a Procter & Gamble (P&G) como exemplo e com frequência menciono seu ex-CEO A. G. Lafley. A razão para isso é que tive um relacionamento excepcionalmente longo e produtivo com a P&G, tendo trabalhado de modo quase contínuo como consultor da empresa desde 1986. Tive o prazer de aconselhar vários CEOs da P&G naquela época, desde o falecido John Smale no final dos anos 1980 até o recém-aposentado David Taylor, mas meu relacionamento mais longo e profundo foi com A.G. Lafley, que atuou como CEO por treze anos em dois períodos. Somos parceiros pensantes, tendo escrito dois dos quatorze capítulos deste livro, baseados em artigos da HBR de que somos coautores, e, claro, o livro *Jogar para Vencer*.

Como consequência desse relacionamento longo e profundo com a P&G, eu tinha um ponto de vista privilegiado de muitas situações em que trabalhei e que fornecem ótimas ilustrações dos conceitos do livro. Como conheço as circunstâncias e os fatos desses casos, prefiro usá-los como exemplo no lugar de histórias de segunda ou terceira mão. Além disso, a P&G também tem a vantagem de ser uma empresa de produtos de consumo extremamente conhecida, com a qual os leitores talvez se identifiquem mais facilmente do que com uma empresa de serviços industriais da qual nunca tenham ouvido falar. Mas estou ciente de que, assim como a P&G, muitas outras empresas ilustram ações meritórias nos negócios.

Intencionalmente, os quatorze capítulos deste livro não se baseiam um no outro, ou seja, não exigem uma leitura sequencial. Podem ser lidos por ordem de interesse ou deixados para ler até que a situação descrita no capítulo surja. Nesse sentido, você pode tratar este livro como um manual de gestão. Não obstante, sou acadêmico e consultor, e ambas as profissões têm uma forte tendência a categorizar ideias; enquanto organizava os capítulos, agrupei-os mentalmente em quatro categorias gerais, o que me ajudou a descobrir a ordem que eu queria apresentá-los. Então lá vai...

Contexto

Minha primeira categoria lida com o contexto ou, talvez, a estrutura em que a maioria das empresas opera. Três tópicos me pareceram pertencer a este grupo e são discutidos na Parte 1:

1. Concorrência. O modelo clássico sustenta que as corporações competem entre si, e um trabalho central do nível corporativo é organizar e controlar os níveis abaixo dele. Um modelo mais eficaz sustenta que a concorrência acontece na linha de frente, onde os clientes reais são atendidos, e que o trabalho de todos os níveis corporativos acima do nível da linha de frente é ajudar o nível abaixo dele a atender melhor esse cliente.

2. Stakeholders. Mesmo sob pressão agora, o modelo dominante em prática ainda sustenta que a corporação existe para servir os acionistas e, portanto, os acionistas têm prioridade. Um modelo mais eficaz sustenta que colocar os acionistas em primeiro lugar não é uma boa maneira de enriquecê-los. Colocar os clientes em

primeiro lugar é o que levará ao sucesso da corporação — e, por conseguinte, ao enriquecimento dos acionistas.

3. Clientes. O modelo dominante é que a corporação deve se concentrar na lealdade do cliente como o principal impulsionador de seu sucesso. Um modelo mais eficaz sustenta que o hábito inconsciente é um condutor muito mais poderoso do comportamento do cliente pretendido pela empresa do que a lealdade consciente.

Fazer Escolhas

Minha próxima categoria se concentra em como os gerentes de uma corporação tomam decisões. Dois tópicos pareciam pertencer à categoria de lidar com o ato de fazer escolhas dentro da corporação, discutida na Parte 2:

4. Estratégia. O modelo tradicional em estratégia é se concentrar em fazer a pergunta: o que é verdade? Um modelo mais eficaz para enquadrar e fazer escolhas estratégicas é focar a lógica por trás da escolha, perguntando: o que precisaria ser verdade?

5. Dados. O modelo tradicional sustenta que, para ser rigoroso, é preciso insistir em tomar decisões baseadas em dados. Um modelo mais eficaz sustenta que, em um domínio do mundo, isso é correto, mas em outro leva a escolhas perigosamente falhas, e, nesse contexto, a imaginação é crucial.

Estrutura de Trabalho

Tendo feito suas principais escolhas, os gerentes precisam descobrir como cumpri-las, então meu próximo passo é a estrutura de trabalho, discutida na Parte 3. Três tópicos pareciam se enquadrar aqui:

6. Cultura. O modelo dominante é que a cultura tem uma importância tão central que, se não for propícia ao funcionamento da corporação, os responsáveis devem exigir uma alteração e/ou

reorganização para produzir a mudança de cultura desejada. Um modelo mais eficaz é sustentar que a cultura não pode ser mudada ao obrigá-la ou reorganizar formalmente papéis e responsabilidades. Em vez disso, ela só pode ser alterada de forma indireta, modificando-se a maneira como os indivíduos trabalham uns com os outros.

7. Trabalho de conhecimento. O modelo dominante é organizar o trabalho de conhecimento da mesma forma que organizamos o trabalho físico — com base em empregos de tempo integral que são presumidos como permanentemente envolvidos na realização do mesmo conjunto de atividades. Um modelo mais eficaz é organizar o trabalho de conhecimento e os trabalhadores em torno de projetos com prazo definido.

8. Funções corporativas. O modelo dominante é que as funções corporativas existem para executar fielmente as estratégias dos negócios operacionais, que são as únicas unidades da corporação que devem ter estratégias. Um modelo mais eficaz é que as funções corporativas precisam de estratégias para serem eficazes na mesma medida que as operacionais.

Atividades-chave

Depois de estruturar como as pessoas trabalham, me aprofundei em várias atividades-chave nas quais a maioria das unidades de uma determinada empresa se envolve. Esta categoria contém os seis capítulos restantes do livro, na Parte 4:

9. Planejamento. O modelo dominante equipara o planejamento de negócios à elaboração de estratégias. O problema é que o planejamento envolve mais gerenciar riscos e se sentir confortável com eles do que assumi-los. Um modelo mais eficaz distingue o desenvolvimento de estratégias como um processo de escolha de metas e riscos, em vez de um processo no qual você procura controlar os riscos para atingir um objetivo não examinado.

10. Execução. O modelo dominante sustenta que primeiro você formula ou escolhe sua estratégia e depois a executa ou implementa. Um modelo mais eficaz não vê linha divisória entre "estratégia" e "execução". Em vez disso, ambas abarcam escolhas de forma idêntica sob incerteza, restrições e competição.

11. Talento. O modelo dominante sustenta que a remuneração, especialmente a remuneração de incentivo baseada no desempenho, é o elemento mais crítico na atração e retenção de talentos de ponta. Um modelo mais eficaz acredita que o segredo para a atração e retenção é o tratamento de cada funcionário talentoso como um indivíduo com necessidades e desejos únicos.

12. Inovação. O modelo dominante sustenta que o foco da atenção e do investimento deve estar na criação do artefato inovador, seja produto, serviço, modelo de negócios e assim por diante. Um modelo mais eficaz considera que o design da intervenção, que possibilita a aprovação e o lançamento bem-sucedido de uma inovação, é tão importante quanto o design do próprio artefato.

13. Investimento de capital. O modelo dominante de contabilização de investimentos de capital é lançá-los no Balanço pelo valor de custo (menos a depreciação acumulada), calcular a lucratividade com base nesse denominador e tomar decisões com base na lucratividade calculada dessa forma. Um modelo mais eficaz trata esse ativo pelo seu valor logo após ser convertido de capital irrestrito para capital incorporado e calcula os retornos com base nesse valor incorporado no balanço patrimonial como Investimentos.

14. M&A. O modelo dominante de M&A é que uma corporação faz uma aquisição principalmente para obter um ativo ou capacidade atraente da entidade adquirida. Um modelo mais eficaz sustenta que um objetivo fundamental em qualquer aquisição deve ser o de fornecer mais valor à entidade adquirida do que a corporação recebe da entidade.

Os quatorze modelos dominantes em vigor não são ilógicos. Todos eles fazem muito sentido. Então, não acredito que essas descrições resumidas a uma única expressão dos modelos alternativos irão convencê-lo a descartar o modelo dominante e adotar minha sugestão alternativa. Mas minha esperança é que você fique curioso o suficiente para ler todo o capítulo de cada um e seja convencido a pelo menos experimentar o modelo alternativo. Se fizer isso, estou confiante de que você se tornará um executivo ainda mais eficaz e, tal como meu herói Peter Drucker, meu principal objetivo de escrita é apenas este: ajudar os executivos a aumentar sua eficácia.

PARTE 1

Contexto

1

Concorrência

Acontece na linha de frente,
não na sede.

Na narrativa popular, a concorrência nos negócios ocorre entre empresas: Boeing versus Airbus; General Motors versus Toyota versus Volkswagen; Microsoft versus Amazon versus Google; Procter & Gamble versus L'Oréal versus Unilever versus Johnson & Johnson; Coca-Cola versus PepsiCo. É tentador pensar nessas grandes empresas como nações colonizadoras envolvidas em uma guerra mundial, lutando por território e posição em vários teatros de guerra, e é bem provável que muitos CEOs concordem, a julgar pela ênfase na imprensa sobre a participação de mercado de uma empresa.

Mas não são as corporações que concorrem — são os produtos e serviços que elas fornecem. Os clientes de jatos comerciais de fuselagem estreita acham que o B737 compete com o A320. Os compradores de sedãs de médio porte acham que o Chevrolet Cruze concorre com o Toyota Corolla, que compete com o Volkswagen Jetta. Os clientes de serviços em nuvem acham que o Azure compete com a AWS, que compete com o Google Cloud. Os consumidores de shampoo acham que a Pantene concorre com a Fructis, que concorre com a Dove, que concorre com a Neutrogena. E bebidas? Bem, se é refrigerante dietético, é Coca Zero versus Pepsi Black. Se é suco de laranja, é Minute Maid versus Tropicana. Se são bebidas esportivas, Powerade versus Gatorade. E, se é água engarrafada, Dasani versus Aquafina.

E isso nos leva a uma maneira melhor de pensar sobre a concorrência: *ela acontece mais na linha de frente do que na sede.* Os clientes individuais escolhem entre produtos e serviços que possuem o potencial de atender a suas necessidades. E esses clientes têm apenas uma quantidade limitada de visibilidade ou preocupação com quem realmente oferece o produto ou serviço em sua linha de frente, que dirá com as diversas camadas entre o produto na prateleira e onde e por quem é feito e entregue. Um produto ou serviço ruim na linha de frente não será poupado aos olhos dos clientes por fazer parte de uma determinada corporação, mesmo que essa corporação tenha outros produtos relacionados que sejam bem-sucedidos. Considere o caso do Microsoft Windows. Mesmo que muitos usuários de Mac gostem do pacote Office, da Microsoft, isso não os leva a se converter ao Windows.

Entender a concorrência como algo que acontece em torno de clientes individuais na linha de frente, e não como uma guerra entre organizações, derruba muitas das presunções, conscientes ou não, dos gestores sobre missão, estratégia, cultura, organização e tomada de decisão. Como argumentarei nas páginas seguintes, as empresas líderes precisam ser vistas menos como um desafio de gerenciamento da complexidade organizacional e mais como algo que garanta que o valor seja maximizado nas linhas de frente. Isso exige uma abordagem menos inspirada pela hierarquia e mais pelo respeito aos insights das pessoas em contato direto com os clientes, estruturada e motivada não para otimizar o uso de seus recursos e capacidades existentes, mas para identificar o que é necessário para agregar valor direto para o cliente. Nesse ambiente, a liderança deve se concentrar diretamente em descobrir como a organização pode mobilizar seus ativos e recursos para entregar o maior impacto na linha de frente.

Da Hierarquia Ideal...

Embora um produto concorra na linha de frente, o que o torna competitivo obviamente não acontece lá; as empresas devem reunir muitos recursos e capacidades para criar novos produtos. Consequentemente, as empresas se tornam organizações complexas.

A resposta tradicional aos desafios organizacionais complexos é criar hierarquia, um modelo organizacional no qual líderes experientes e sábios se informam dos fatos em jogo, refletem e consultam, e depois emitem ordens às pessoas abaixo da hierarquia, que informam as ordens às pessoas abaixo delas e assim por diante. É por isso que, em todas as corporações, vemos vários níveis acima da linha de frente. Se a linha de frente é o shampoo Pantene, acima dela está a divisão de cuidados para cabelo, e acima dela está a de cuidados de beleza, e acima dela está a Procter & Gamble.

É claro que há uma variação considerável em torno de como a hierarquia funciona em diferentes culturas, mas de uma forma ou de outra, na maioria dos países, a suposição é que o sucesso em organizações hierárquicas tem sido tradicionalmente determinado em grande parte pela qualidade dos julgamentos que ecoam do topo para a base, pois, seguindo a lógica, as pessoas no topo têm a melhor visão geral de como a batalha está acontecendo e para onde devem enviar suas tropas e com quais armas.

Mas nos negócios, quando a concorrência é entre produtos, e não entre empresas, a linha de visão entre as decisões de um CEO e a probabilidade de um cliente comprar um produto é muito menos clara. Os resultados individuais das decisões dos clientes estão longe de ser fáceis para os executivos, distantes da linha de frente, preverem e controlarem. Isso muda a dinâmica de poder dentro da empresa — quem determina o que é e o que não é valioso e como o resto da organização se relaciona com as divisões diretamente envolvidas com os produtos e serviços.

...para Organizar pelo Valor

Se o juiz do valor de qualquer produto ou serviço é o cliente que escolhe comprar, e não o fornecedor, então são as pessoas na linha de frente, diante do cliente, que estão melhor posicionadas para determinar o que o cliente valoriza. Cabe ao resto da empresa ajudar a linha de frente, na qual a receita é gerada, a satisfazer as necessidades dos clientes. Na verdade, o nível inferior é o cliente do nível hierárquico acima. E, como um cliente, ele deve esperar obter mais valor desses serviços do que paga para obtê-los. A divisão de cuidados para cabelo precisa agregar valor competitivo líquido à Pantene, seja fazendo P&D eficaz e em escala das seis principais marcas de produtos capilares do mundo ou de alguma outra forma.

A mesma regra se aplica a cada nível subsequente de agregação. Assim como o nível de cuidados capilares precisa agregar mais valor na linha de frente do que custo à Pantene, a divisão de cuidados de beleza precisa ajudar a de cuidados para cabelo no objetivo de criar mais valor do que seu custo à Pantene. Talvez possa agregar valor desenvolvendo uma compreensão própria dos clientes em seu negócio de cuidados de beleza de US$13 bilhões que seria difícil para a divisão de cuidados capilares desenvolver por conta própria. E a P&G tem que ajudar a divisão de cuidados de beleza a ajudar a de cuidados para cabelo a ajudar a Pantene. A P&G pode fazer isso tornando mais barato que a divisão de beleza adquira publicidade para a divisão de cuidados capilares, em geral, e para a Pantene, especificamente, graças à enorme escala de publicidade da P&G.

Em todos os casos, se uma camada não está gerando valor líquido que, em última análise, ajuda o produto a vencer na linha de frente, então essa camada é, na melhor das hipóteses, supérflua e, na pior, torna o produto menos competitivo. Se a divisão de cuidados de beleza da P&G não puder ajudar a de cuidados para cabelo a ajudar a Pantene agregando valor superior a seu custo para apoiá-la, então a P&G precisa considerar se deve eliminar a divisão de cuidados de beleza como uma camada (o que dependeria de estar agregando valor a outros setores no nível mais baixo), mover cuidados de cabelo para outra divisão ou mesmo vendê-la. E, se a divisão de cuidados de beleza não gera mais valor por pertencer à P&G do que custa para pertencer, então a P&G não deve possuir e controlar a divisão de cuidados de beleza. Nenhuma empresa consegue competir na linha de frente com uma mão amarrada nas costas em virtude de uma camada acima que não esteja criando valor suficiente para contrabalançar seu custo.

Alto Parâmetro

O valor que as camadas mais altas precisam fornecer é considerável, porque estar em um nível acima da linha de frente automática e inevitavelmente adicionará dois custos à linha de frente. Primeiro, haverá custos de coordenação: aqueles na linha de frente não estarão em posição de tomar decisões importantes por conta própria sem verificar com o nível seguinte. E isso significará potenciais atrasos e talvez não ser autorizado a tomar a decisão ideal para o negócio, mas não para o resto da corporação diversificada. Em segundo lugar, o nível extra adicionará os custos diretos dos gerentes ou executivos nesse nível, sua equipe de apoio, as despesas, o espaço extra de escritório e de TI de que precisarão e uma série de custos auxiliares, todos suportados pelos lucros operacionais líquidos das vendas na linha de frente.

Então, o que as camadas acima podem fazer para conquistar seu lugar na cadeia? Existem muitos serviços fornecidos por níveis mais altos em grandes empresas, a maioria dos quais gira em torno da exploração da escala operacional e do escopo dessas empresas, bem como do investimento acumulado em know-how de credibilidade.

- **Escala operacional.** Aparece mais obviamente na fabricação e distribuição. Na distribuição, por exemplo, a Frito-Lay pode entregar pipoca Smartfood e Grandma's Cookies diretamente nas lojas, porque já está entregando as batatas fritas Lay's e os salgadinhos de milho Doritos para uma infinidade de lojas. (Vale a pena notar que a Lay's possui quatro das cinco maiores marcas de salgadinhos dos EUA, e a única outra a integrar os cinco primeiros é a Pringles, graças ao seu design empilhável, que é robusto o suficiente para utilizar uma distribuição de armazém mais barata que os salgadinhos regulares que são frágeis demais para usar.) Em P&D, a Boeing pode fornecer novos serviços de desenvolvimento de aeronaves econômicas para seus negócios de aeronaves comerciais, pois também possui um grande negócio de aeronaves militares com o qual pode compartilhar os custos de desenvolvimento (há uma variante militar da maioria das aeronaves comerciais da Boeing na qual esses custos podem ser compartilhados).

- **Investimento cumulativo.** Em gestão de marca, quando quis lançar a linha Age Perfect Cosmetics, a L'Oréal foi capaz de fornecer uma marca de beleza confiável, a L'Oréal Paris, e até mesmo uma submarca confiável de mais de cinquenta anos — a Age Perfect, de sua linha Age Perfect Skincare, lançada vinte anos antes — a um custo muito menor do que teria sido o caso para o novo negócio sozinho. A L'Oréal agrega valor à Age Perfect Cosmetics não apenas por sua escala, mas também por seu investimento acumulado em estabelecer a credibilidade das marcas L'Oréal Paris e Age Perfect na mente dos clientes. Além disso, a empresa pode aproveitar seu investimento acumulado em expertise nesses e em seus outros negócios para projetar os novos produtos Age Perfect Cosmetics e trazê-los ao mercado. A P&G pode, de forma semelhante, alavancar sua experiência acumulada em fragrâncias para marcas tão diversificadas quanto Tide, Pampers, Always, Olay, Charmin, Pantene, Cascade, Dawn e Swiffer, porque atualmente é — e tem sido por muitos anos — o maior consumidor de fragrâncias brutas do mundo e está mais adiante na curva de aprendizado no uso de fragrâncias.

Esses são apenas exemplos de utilização de escala operacional e investimento cumulativo para fornecer um serviço à linha de frente a um custo menor do que custaria apenas para a linha de frente. Há muitos outros, incluindo contratação, treinamento e desenvolvimento, relações governamentais ou compliance regulatório. Mas qualquer que seja o tipo de valor agregado em cada camada, ele precisa exceder os custos inevitáveis que a camada impõe.

Isso apresenta dois desafios. Em primeiro lugar, os gerentes na camada acima têm que começar a tratar as pessoas abaixo deles como clientes — entendendo suas vidas e necessidades, colocando-se no lugar delas. Parece óbvio, mas é surpreendente quão distantes os executivos se tornam à medida que subimos na hierarquia. Por exemplo, em meados dos anos 2000, trabalhei com um grande OEM (fabricante original do equipamento, na sigla em inglês) de automóveis e percebi que, a cada seis meses, todos os executivos seniores automaticamente passavam a ostentar veículos novinhos em folha no estacionamento abaixo de seus escritórios. Todos os dias, quando chegavam com o carro, ele era limpo, reparado e, se necessário, reabastecido. Como consequência, eles perderam o contato com a experiência do cliente de comprar, financiar, fazer manutenção e operar seus veículos. Essa mentalidade tem que mudar, e a mudança tem que começar do topo. Como você pode esperar que os gerentes nas camadas intermediárias tratem aqueles abaixo deles como clientes se você não faz o mesmo? Para remediar, pedi a cada executivo, incluindo o CEO, que fizesse visitas domiciliares a seus próprios clientes e a clientes concorrentes para se familiarizar com a vida na linha de frente.

CEOs inteligentes fazem isso instintivamente. Durante toda sua carreira como CEO, A. G. Lafley tinha uma regra: ao visitar outro país, pedia que a organização local da P&G marcasse uma visita domiciliar com um consumidor local e uma visita guiada à loja em um varejista local. Sua visita a uma comunidade às margens de um rio no oeste rural da China para conversar com as mulheres da aldeia que lavavam suas roupas lá se tornou lendária. A mensagem era clara: se o CEO global não está ocupado demais para fazer visitas domiciliares e inspeções em lojas, como você pode estar?

Depois de garantir que os gerentes em todos os níveis obtenham uma boa compreensão de seus clientes e do que esses clientes precisam, os executivos podem dar início ao segundo desafio.

Criando uma Teoria para a Empresa

Como a corporação pode agregar valor líquido a todos os negócios no nível seguinte do portfólio — e como ela garante que todos esses negócios sejam capazes de agregar valor ao nível subsequente e assim por diante? Especificamente, como a P&G garante que agrega valor líquido às divisões de lavanderia e cuidados domésticos; cuidados femininos e com bebês; beleza; cuidados pessoais; cuidados com a saúde; e cuidados com a família? Como a PepsiCo garante que agrega valor líquido às divisões Frito-Lay, alimentos Quaker e bebidas PepsiCo? Como a Microsoft garante que agrega valor líquido à divisão de produtividade e processos de negócios, nuvem inteligente e outros dispositivos pessoais?

Responder a essas perguntas requer pensar sobre quais capacidades e recursos adquirir e quais partes do negócio realmente devem permanecer juntas. Esse é um dilema clássico do ovo e da galinha. Não é possível criar recursos de valor agregado até conhecer os membros do portfólio para os quais está construindo esse valor. Mas é impossível saber quais membros do portfólio se deve ter até saber que é possível agregar valor líquido a cada um. Isso significa que os líderes corporativos precisam iterar na combinação da composição do portfólio e da(s) lógica(s) de valor agregado. Vejamos o que isso envolve. Como cada corporação diversificada já possui um portfólio, o status quo é o lugar prático para começar. O nível corporativo precisa desenvolver um esboço de justificativa de valor agregado para o nível seguinte. É exatamente igual à unidade de negócios clássica ou à estratégia de produto, na qual o coração da estratégia é composto pelas perguntas associadas "onde jogar" e "como vencer". Nesse caso, a primeira questão deve se concentrar em escolher em quais domínios de capacidade investir; e a última, em escolher de que maneira utilizar a escala corporativa ou o investimento cumulativo nas capacidades escolhidas para melhorar o nível seguinte. Com um esboço de justificativa de valor agregado para o nível seguinte, a gestão em cada parte desse nível deve fazer o mesmo conjunto de perguntas sobre o esboço de justificativa de valor agregado para cada negócio no nível seguinte. E então o nível seguinte deve fazer o mesmo e assim sucessivamente, até chegar ao nível diretamente acima da linha de frente.

Essa primeira iteração da estratégia corporativa de cima para baixo deve produzir quatro saídas intermediárias para refino na próxima rodada. Normalmente, são necessárias duas ou três rodadas para alcançar a coerência em todo o portfólio. As quatro saídas intermediárias são as seguintes.

Os principais recursos necessários para atender os clientes na linha de frente

Comece identificando em quais capacidades investir, em que nível deve investir para apoiar quais melhorias ou aprimoramentos para quais negócios na linha de frente. Você deve investir na criação de uma capacidade de distribuição compartilhada no nível do grupo de negócios que daria suporte a várias empresas em vários produtos? Ou você deve investir em um centro de P&D compartilhado que ofereça suporte a vários produtos em uma empresa? Quanto custariam essas capacidades e recursos?

A. G. Lafley realizou este exercício pouco depois de se tornar CEO da P&G em meados de 2000. No início de 2001, ele convocou uma reunião externa com sua equipe de liderança global para determinar quais eram as principais capacidades subjacentes ao portfólio da P&G — o que eles chamaram de "hastes de reforço". Literalmente mais de cem foram postuladas e depois reduzidas a três, que foram expandidas para cinco ao longo do tempo no processo iterativo: (1) a capacidade de go-to-market (GTM) com um portfólio amplo e importante de produtos entregues por meio de equipes multifuncionais e localizadas no cliente (como a equipe da P&G Walmart em Bentonville, Arkansas); (2) a capacidade de criar inovações atraentes e significativas para os consumidores; (3) o profundo entendimento do consumidor que fornece insights proprietários; (4) a capacidade de construir marcas confiáveis e atraentes; e (5) a escala para realizar todos os itens anteriores a um custo efetivo.

Clientes, produtos e serviços que você deve abandonar

Se houver negócios na linha de frente que não podem ser ajudados ao serem parte da organização, eles devem ser removidos do portfólio antes que o custo de sua capacidade de competir na linha de frente se reflita na diminuição da competitividade e da lucratividade. Como os custos são inevitáveis e os benefícios não, descobrir isso mais cedo ou mais tarde é do interesse da corporação e do negócio em questão, embora o processo de limpeza da casa possa se transformar em um projeto de longo prazo.

Na P&G, a identificação das principais hastes de reforço corporativas desencadeou um processo de quinze anos para encontrar melhores lares para negócios que a corporação não poderia ajudar a ponto de cobrir os custos de manter esses negócios na P&G. Foi um enorme esforço que envolveu inúmeras vendas multibilionárias. Os negócios de alimentos (manteiga de amendoim Jif, óleos Crisco, batatas fritas Pringles e café Folgers) foram vendidos devido à capacidade limitada de inovar continuamente para produzir vantagem, embora a maioria fosse líder de mercado em sua categoria. Os negócios farmacêuticos, de cuidados com animais de estimação e de salão profissional foram vendidos em grande parte porque seu GTM especializado era muito diferente daquele dos canais de distribuição de alimentos, medicamentos e atacadista, nos quais a P&G tinha experiência e vantagem. Os negócios de beleza que apresentavam o papel mais fraco para a inovação tecnológica, como corantes cosméticos, fragrâncias finas e colorações de cabelos, foram vendidos. Mais de uma centena de marcas menores em todo o portfólio foram vendidas porque, por sua escala modesta, a P&G não conseguiu suportar suas capacidades de inovação e construção de marca. E até 2016, as setenta marcas restantes com escala atraente estavam agrupadas em dez categorias residuais (de um máximo de mais de vinte) nas quais a P&G poderia aplicar todas as cinco principais capacidades.

Clientes, produtos e serviços que você deve adicionar

Se a corporação é capaz de oferecer vantagens substanciais para um negócio existente no portfólio ou para um que não está atualmente no portfólio, ambos os casos devem ser considerados um sinal para investir de modo a expandir o portfólio nessa direção. Assim, mesmo quando a P&G se envolveu em um gigantesco movimento de redução, que incluiu aproximadamente US$30 bilhões em desinvestimentos, ela cresceu em áreas nas quais poderia aplicar as vantagens das principais capacidades. Comprou a Clairol para aumentar seu já bem-sucedido negócio de cuidados para cabelo. Comprou o negócio de saúde do consumidor da Merck para fortalecer seu negócio de cuidados pessoais com a saúde. Ao contrário do negócio farmacêutico vendido, que exigia da P&G uma força de vendas especializada em um canal exclusivo (o canal médico e hospitalar), o negócio de saúde do consumidor se encaixa perfeitamente no núcleo GTM da P&G. Com a aquisição da Gillette, a P&G ingressou na área de higiene/cuidados pessoais, uma nova categoria que se beneficiou de todas as principais capacidades da P&G. Além disso, como um bônus, a Oral-B, negócio de cuidado oral da Gillette, se encaixou perfeitamente e ampliou o negócio de cuidado oral já existente na P&G (Crest e Scope).

Camadas que você deve eliminar

Como observado anteriormente, se alguma camada da empresa for incapaz de agregar valor líquido aos negócios abaixo dela, o nível deve ser eliminado por prejudicar a competitividade na linha de frente, seja isso observável ou não. Note que isso não deve ser simétrico. Se o grupo empresarial A não está agregando valor aos negócios abaixo dele, esse fato não implica que os grupos empresariais B e C, que estão atendendo a outros negócios da linha de frente abaixo deles, devam ser dissolvidos — e sim apenas o grupo A, que não está agregando valor aos seus negócios da linha de frente.

Na P&G, esse recorte aconteceu com o nível geográfico de presidentes regionais. Desde uma grande reorganização em 1998, seis presidentes regionais (por exemplo, América do Norte ou Europa Ocidental) coordenavam as atividades do GTM em todas as categorias em sua região. Mas essa coordenação tinha um custo, tanto em termos das organizações dos presidentes regionais, que não eram pequenas, quanto no tempo e esforço necessários para que os presidentes globais de categoria atingissem suas metas para a região em conjunto com as equipes de clientes naquela região. Assim, em 2019, para os dez principais países responsáveis por 80% das vendas e 90% dos lucros da P&G, o nível foi eliminado e os presidentes globais de categoria passaram a ser diretamente responsáveis pelo GTM. (Os inúmeros países menores restantes foram agrupados sob encargo de um executivo responsável por trabalhar com a linha de presidentes globais de categoria da maneira como os presidentes regionais haviam feito antes.)

O processo descrito exige muito trabalho. Não é preciso que haja grande dimensão e diversificação para o cenário rapidamente ficar muito complicado. Imagine uma corporação modestamente diversificada com dois grupos de negócios, cada um dos quais tem dois negócios, cada qual com duas categorias de produtos distintas. Isso significa a necessidade de escolhas estratégicas que criem valor agregado líquido para quatorze clientes internos diferentes (dois grupos de negócios; quatro negócios; e oito categorias de produtos). Se for menos verticalizada, mas um pouco mais ampla, com um nível a menos, apresentando corporação, três negócios e três categorias de produtos cada, ainda são doze clientes internos diferentes. E fica rapidamente mais complexo a partir daí.

Como a maioria das empresas não constrói a estratégia corporativa a partir da perspectiva de aumentar a competitividade em sua linha de frente, suas estruturas corporativas tendem a inflar rapidamente em termos de custos e tomada de decisões. Como consequência, o motivo dominante é a redução de custos, o *delayering* (redução de níveis hierárquicos) e a descentralização, aproximando a tomada de decisões da linha de frente. E, se as empresas não fizerem isso por conta própria, há fundos de hedge ativistas à espreita para obrigá-las a isso. Com certeza, esse *delayering* pode ser melhor do que apenas deixar a organização como está. Mas reduzir a estratégia de uma empresa à eliminação do inchaço corporativo significa que você está ignorando todo o valor que a criatividade, a energia e a imaginação são capazes de gerar. Estruturar proativamente a estratégia corporativa a partir da linha de frente é o que criará oportunidades para seus negócios na linha de frente, e não para os de seus concorrentes.

2

Stakeholders

Para realmente criar valor para o acionista, priorize os clientes aos acionistas.

O capitalismo moderno pode ser dividido em duas grandes eras. A primeira, do capitalismo gerencial, começou em 1932 e foi definida pela noção até então radical de que as empresas deveriam ter gestão profissional. A segunda, do capitalismo do valor acionário, começou em 1976. Sua premissa norteadora é que o propósito de toda corporação deve ser maximizar a riqueza dos acionistas. Segundo essa lógica, se as empresas perseguirem esse objetivo, tanto os acionistas quanto a sociedade se beneficiarão.

Ambas as eras foram anunciadas por um influente trabalho acadêmico. Em 1932, Adolf A. Berle e Gardiner C. Means publicaram seu lendário tratado, *The Modern Corporation and Private Property*, que afirmava que a administração deveria ser separada da propriedade. Depois disso, o mundo dos negócios não seria mais dominado por CEOs-proprietários como os Rockefellers, Mellons, Carnegies e Morgans. As empresas seriam administradas por pessoas contratadas, uma nova classe de CEOs profissionais. Esse movimento, disse Berle e Means, não deveria ser temido; era parte de uma nova era corajosa de expansão econômica (que na verdade levaria alguns anos para começar, como se viu, devido à Grande Depressão).

A ideia pegou. Embora certamente continuasse a haver CEOs-proprietários, os gestores profissionais passaram a dominar os quadros de liderança. Os empreendedores eram bem-vindos para iniciar novas empresas, mas seria sensato entregá-las a gestores profissionais — mais confiáveis e menos voláteis — quando o negócio atingia um tamanho significativo.

Então, em 1976, o capitalismo gerencial recebeu uma forte crítica: Michael C. Jensen e William H. Meckling publicaram o artigo "Teoria da Firma: Comportamentos dos Administradores, Custos de Agência e Estrutura de Propriedade" no *Journal of Financial Economics*. O texto, que se tornou o artigo acadêmico de negócios mais citado de todos os tempos, argumentou que os proprietários estavam recebendo pouca atenção dos gestores profissionais, que privilegiavam seu próprio bem-estar financeiro, e não o dos acionistas. Isso era ruim para os acionistas e prejudicial para a economia, alegaram Jensen e Meckling; os gestores estavam gastando recursos corporativos e societários para enriquecimento próprio.

A crítica inaugurou uma nova filosofia do capitalismo, já que os CEOs rapidamente viram a necessidade de jurar lealdade à "maximização do valor para o acionista". Os conselhos de administração logo passaram a enxergar o próprio trabalho como o alinhamento de interesses da alta administração com os dos acionistas por meio do uso de remuneração baseada em ações. O acionista não seria mais explorado — ele seria rei.

Mas os resultados dos acionistas melhoraram significativamente desde que substituíram os gestores como o centro do universo dos negócios? Não exatamente. De 1933 até o final de 1976, quando estavam em posição de subordinação em relação aos gestores profissionais, os acionistas do S&P 500 obtiveram retornos anuais reais compostos de 7,6%. De 1977 a 2020, esse valor foi estranhamente similar, 7,8%. Com base nisso, é difícil argumentar que muita coisa mudou para os acionistas como resultado dessa reestruturação supostamente radical.

Essa descoberta requer uma conclusão mais provocativa: se tudo que importa são os acionistas, concentrar-se no aumento do valor para o acionista seria necessariamente a melhor maneira de garantir que eles se beneficiassem? O que nos leva a uma forma diferente de pensar sobre quem você deve tornar seu principal stakeholder: *para realmente criar valor para o acionista, priorize os clientes aos acionistas*. Em outras palavras — e ninguém deveria se surpreender com isso —, Peter Drucker tinha razão quando disse que o objetivo principal de uma empresa é adquirir e manter clientes. Como este capítulo demonstrará, um foco único nos lucros garante que você não os obterá.

Vou começar analisando os problemas de colocar os acionistas em primeiro lugar.

A Lógica Errada do Valor do Acionista

Embora o conceito de maximização do valor para o acionista sempre tenha sido atraente por sua elegância, torná-lo uma realidade provou ser complicado para os gestores. Essa dificuldade é inevitável devido à forma como o valor do acionista é criado.

Os acionistas têm uma reivindicação residual sobre os ativos e as receitas de uma empresa, o que significa que recebem o que resta depois que todos os outros reivindicantes — funcionários e seus fundos de pensão, fornecedores, governos cobradores de impostos, detentores de dívidas e acionistas preferenciais (se houver) — são pagos. O valor de suas ações, portanto, é o valor de todos os fluxos de caixa futuros menos esses pagamentos. Como o futuro é incognoscível, os acionistas em potencial devem estimar qual será esse fluxo de caixa; suas expectativas coletivas sobre o futuro determinam o preço das ações. Os acionistas que esperarem que o valor dos lucros futuros da empresa com os devidos abatimentos seja menor do que o preço atual venderão suas ações. Os acionistas em potencial que esperarem que o valor futuro descontado exceda o preço atual comprarão ações.

Isso significa que o valor do acionista não tem quase nada a ver com o presente. De fato, os ganhos atuais tendem a ser uma pequena fração do valor das ações ordinárias. Na última década, o índice preço/lucro médio anual para o S&P 500 foi 22x, o que significa que os ganhos atuais representam menos de 5% dos preços das ações.

Sem dúvida, se as expectativas para o desempenho futuro de uma empresa forem otimistas, o valor para o acionista será alto. Em março de 2021, as ações da Tesla foram negociadas a um índice preço/lucro (P/L) pouco mais de 135x porque as pessoas acreditavam que as receitas e a importância da empresa continuariam a crescer. Mais ou menos ao mesmo tempo, o índice preço/lucro médio de outras empresas automobilísticas dos EUA era de apenas 16, pois os investidores estavam muito menos otimistas sobre o futuro das montadoras tradicionais em longo prazo.

Para os gerentes, as implicações são claras: a única maneira segura de aumentar o valor para o acionista é aumentar as expectativas sobre o desempenho futuro da empresa a partir de seu nível atual. Infelizmente, os executivos não podem fazer isso para sempre. Os acionistas olharão para bons resultados, ficarão animados e aumentarão suas expectativas até o ponto em que os gestores não possam continuar a atendê-las. De fato, está bem documentado que os acionistas ficam excessivamente animados com boas perspectivas e excessivamente desanimados com más perspectivas. É por isso que os mercados de ações são muito mais voláteis do que os lucros das empresas que os compõem. Nas últimas duas décadas, o índice P/L do S&P 500 flutuou entre 123x (maio de 2009) e pouco mais de 5x (dezembro de 2017), e voltou a 39x no outono de 2021.

A maioria dos executivos descobre isso: eles entendem que a criação e a deterioração de valor para o acionista são cíclicas e, mais importante, não estão sob seu controle. Eles podem impulsionar o valor do acionista em rajadas curtas, mas, no devido tempo, os preços cairão novamente. Assim, os executivos investem em estratégias de curto prazo, esperando sair antes da queda inevitável, e muitas vezes mais tarde criticam seus sucessores por não conseguirem evitar quedas pré-ordenadas. Como alternativa, eles mantêm as expectativas baixas para que possam aumentar constantemente o valor do acionista por um longo período. Em outras palavras, por não conseguirem vencer o jogo que são levados a jogar, CEOs o transformam em um jogo que são capazes de vencer.

É por isso que o objetivo da maximização do valor para o acionista e a abordagem de remuneração que o acompanha são ruins para os acionistas. Os próprios executivos que devem atingir o objetivo percebem que não é viável. Executivos talentosos podem aumentar a participação de mercado e as vendas, melhorar as margens e usar o capital de forma mais eficiente, mas não importa o quão bons sejam, eles não conseguem elevar o valor do acionista se as expectativas saírem da linha com a realidade. Quanto mais um CEO é pressionado a aumentar o valor do acionista, mais será tentado a fazer movimentos que na prática prejudicam os acionistas.

Deixe os Clientes Assumirem o Comando

Determinar o que seus clientes valorizam e se concentrar em sempre agradá-los é uma fórmula de otimização melhor. É claro que as empresas enfrentam restrições óbvias sobre a satisfação do cliente; elas rapidamente iriam à falência se fizessem os clientes mais felizes, cobrando preços cada vez mais baixos em troca de um valor cada vez maior. Em vez disso, as empresas devem procurar maximizar a satisfação do cliente, garantindo que os acionistas obtenham um retorno aceitável ajustado ao risco sobre seu patrimônio.

Pense na Johnson & Johnson. Ela tem a declaração de propósito mais eloquente do mundo corporativo — seu "credo", imutável desde a criação pelo lendário presidente da J&J, Robert Wood Johnson, em 1943. Aqui está ele, de forma abreviada:

> Acreditamos que nossa primeira responsabilidade é com os médicos, enfermeiros e pacientes, com mães e pais e todas as pessoas que usam nossos produtos e serviços. Somos responsáveis por nossos funcionários, homens e mulheres que trabalham conosco em todo o mundo. Somos responsáveis pelas comunidades em que vivemos e trabalhamos e pela comunidade mundial também. Nossa responsabilidade final é com nossos acionistas... Quando operamos de acordo com esses princípios, os acionistas devem obter um retorno justo.

O credo explicita sem rodeios a hierarquia: os clientes vêm em primeiro lugar e os acionistas por último. No entanto, a J&J tem confiança de que, quando a satisfação do cliente estiver no topo da lista, os acionistas colherão os frutos.

Até agora, a aposta valeu a pena. Veja como o ex-CEO James Burke lidou com os envenenamentos por Tylenol em 1982, nos quais sete consumidores da área de Chicago morreram depois de ingerir cápsulas de Tylenol que haviam sido adulteradas. A resposta da J&J é considerada o caso clássico de uma empresa "fazer a coisa certa", independentemente do impacto nos lucros. As mortes ocorreram apenas na área de Chicago, mas Burke prontamente emitiu um recall de todas as cápsulas de Tylenol nos Estados Unidos, mesmo que o governo não tivesse feito essa exigência e o Tylenol representasse um quinto dos lucros da J&J. Após o recall, as vendas e a participação de mercado despencaram.

Comentaristas expressaram surpresa com o fato de o CEO de uma empresa de capital aberto renunciar à perspectiva dos lucros e elogiaram Burke por assumir uma postura moral exemplar. No entanto, uma análise do credo revela que sua decisão teve menos a ver com seus valores morais e mais com os objetivos claramente definidos da J&J. Indiscutivelmente, Burke estava apenas seguindo o credo como um diligente CEO. Os clientes vinham em primeiro lugar e os acionistas em quarto — e ele agiu de acordo. Não colocou as expectativas de lucro trimestral no topo de sua lista. Na verdade, assegurou que seria a última.

Em longo prazo, essa decisão não prejudicou a J&J. Na verdade, a lealdade em relação ao Tylenol aumentou depois que a empresa demonstrou que a segurança do cliente vinha em primeiro lugar e também introduziu a primeira embalagem inviolável do mundo para produtos de saúde vendidos sem receita médica. Em março de 2021, a capitalização de mercado da J&J era de US$418 bilhões, a décima maior do mundo. A J&J parece ter proporcionado aos acionistas de longo prazo mais do que um "retorno justo".

Outras empresas também beneficiaram os acionistas ao não colocá-los em primeiro lugar. A P&G, maior empresa de produtos de consumo do mundo, detentora da décima quinta maior capitalização de mercado do mundo até o final de 2020, colocou o consumidor no centro de seu universo há muito tempo. A declaração de propósito, valores e princípios da P&G, que foi escrita em 1986, descreve uma hierarquia que é surpreendentemente semelhante à da J&J:

> Forneceremos produtos e serviços de marca, com qualidade e valor superiores, que melhoram a vida dos consumidores ao redor do mundo. Como resultado, os consumidores nos recompensarão com liderança de vendas, lucro e criação de valor, permitindo que nossos funcionários, nossos acionistas e as comunidades em que vivemos e trabalhamos prosperem.

Nesse cenário, o aumento do valor para o acionista é um dos subprodutos de um foco na satisfação do cliente; claramente não é a principal prioridade.

Nada disso significa que as empresas pioneiras na busca do valor do acionista como seu objetivo central se saíram mal. A General Electric e a Coca-Cola, por exemplo, duas filhas do movimento de valor do acionista sob a gestão de Jack Welch e Robert Goizueta, respectivamente, aumentaram o valor do acionista razoavelmente mais rápido do que o S&P 500 durante o mandato desses famosos CEOs: sob as diretrizes de Welch, a taxa de crescimento anual composta do retorno total dos acionistas da GE foi de 12,3% versus 10,4% para o S&P 500; e da Coca-Cola, sob o comando de Goizueta, foi de 15% para os 10,8% do S&P 500. Mesmo hoje, muito depois desses dias de glória, ambas ainda estão entre as 150 maiores empresas do mundo em valor de mercado. Mas nenhuma das duas conseguiu criar mais valor para o acionista em longo prazo do que as empresas líderes que dizem aos acionistas, em termos inequívocos, para se sentarem no fundo do ônibus.

O Princípio em Ação

Por que as empresas que não se concentram em maximizar o valor para o acionista oferecem retornos tão impressionantes? Porque seus CEOs são livres para focar a construção do negócio real, em vez de gerenciar as expectativas dos acionistas. Quando Paul Polman assumiu o cargo de CEO da Unilever em 2009, ele comunicou uma mensagem dura e controversa aos acionistas. Disse a eles que a Unilever estava investindo pouco em servir seus consumidores de longo prazo. Não estava investindo o suficiente em inovação e construção de suas marcas. Ele colocaria a inovação e a marca de longo prazo à frente das considerações de curto prazo do mercado de ações.

Não só isso, ele tornaria a Unilever líder em sustentabilidade, porque os consumidores exigiriam cada vez mais. E, se os acionistas não gostassem de sua mensagem, deveriam vender suas ações. Muitos temiam que a saída arruinasse as ações da Unilever e destruísse a empresa. Não foi o caso. As ações foram negociadas com moderação. Mas os acionistas que saíram foram substituídos por acionistas que se preocupavam com os consumidores de longo prazo e com a sustentabilidade. Polman foi considerado o responsável pelo reequilíbrio de uma gigante oscilante e pelo aumento de 266% no preço das ações durante seus dez anos no comando — apesar de dizer aos acionistas que eles não eram sua única preocupação.

A remuneração é outro ponto-chave da diferença. Quando as empresas não estão empenhadas em aumentar o valor para o acionista, seus conselhos geralmente não distraem os CEOs com uma remuneração baseada em ações que é focada no curto prazo ou realizada na aposentadoria. As recompensas de curto prazo incentivam os CEOs a gerenciar as expectativas de curto prazo, em vez de pressionar pelo progresso real. E as recompensas precificadas no momento da aposentadoria só fazem com que os CEOs queiram alcançar a linha de chegada. Se, tal como um corredor de maratona, a empresa cai no chão após cruzar a linha de chegada, isso é problema de outra pessoa. Basta olhar para um gráfico histórico de ações da GE, por exemplo. Elas chegaram a cerca de US$60 em agosto de 2000, um ano antes de Welch se aposentar com um recorde de US$417 milhões. Até o final de 2002, pouco mais de um ano depois que ele se aposentou, tinham caído para cerca de US$25. Em 2021, ficaram na faixa de US$10 a US$13, enquanto a empresa luta para gerenciar sua carga de dívida sufocante.

A estrutura da remuneração de Lafley na P&G, por outro lado, era indicativa de uma empresa com uma cultura de maximizar a satisfação do cliente. Aproximadamente 90% de sua remuneração total estava em opções de ações ou ações restritas. Embora isso não seja altamente incomum para os CEOs de hoje, as opções de ações tiveram um período de aquisição particularmente longo — três anos — e um período de detenção subsequente de dois anos. Lafley também escolheu manter opções pelo dobro do tempo necessário e vender ações apenas sob as restrições de um programa de venda planejada. Quanto às ações restritas, que representavam uma parcela significativa da remuneração de incentivo de Lafley, nenhuma delas foi garantida antes ou até mesmo no momento da aposentadoria. O período de carência começou um ano após sua aposentadoria e durou dez anos. Se Lafley tivesse conseguido que as expectativas dos acionistas atingissem o pico em sua aposentadoria, apenas para cair depois disso, ele teria prejudicado a própria remuneração. Assim, durante todo o seu mandato como CEO, ele teve o incentivo para construir o negócio em longo prazo, preparar um grande sucessor e deixar a P&G em excelentes condições.

Muitos executivos se oporiam a acordos de remuneração como o de Lafley, argumentando que seriam injustamente expostos aos erros de seus sucessores. É aí que entra a cultura. O sistema de remuneração da P&G seria de fato injusto em uma cultura em que a remuneração é baseada em ações e orientada para o curto prazo, na qual é "cada um por si". Em tais culturas, é difícil implementar uma remuneração de longo prazo, de modo que a cultura inevitavelmente permanece "cada um por si". No entanto, em uma cultura orientada para servir o cliente, uma estrutura de remuneração como a de Lafley faz muito sentido e não é difícil de implementar — e reforça os comportamentos que criam valor real em longo prazo. No caso de Lafley, seu sucessor imediato foi uma decepção. Quando o conselho pediu sua volta, Lafley retornou para outro período como CEO e vários anos depois entregou a empresa para quem acabou sendo um CEO de grande sucesso, David Taylor.

O canto da sereia da maximização do valor do acionista está sempre presente, mesmo quando a maximização do valor do cliente é o objetivo principal, a cultura está certa e a remuneração baseada em ações tem períodos de carência excessivamente longos. Na P&G, Lafley herdou um sistema de remuneração de um ano que vinculava recompensas para executivos seniores ao retorno total para o acionista (TSR), que foi definido como o aumento no preço das ações mais dividendos (se reinvestido em ações) ao longo de um período de três anos. Sob o sistema, o TSR da P&G foi comparado ao de um grupo de pares; se o TSR da empresa estivesse na metade superior do grupo, os executivos receberiam bônus.

Lafley, no entanto, notou rapidamente que um ótimo desempenho de TSR em um determinado ano era rotineiramente seguido por um desempenho ruim no ano seguinte, pois os altos retornos totais dos acionistas eram estimulados por um salto pronunciado nas expectativas que não poderiam ser reproduzidas no ano seguinte. Ele percebeu que os aumentos no valor do acionista tinham pouco a ver com o desempenho real dos negócios e muito a ver com a imaginação fértil dos acionistas, que especulavam sobre o futuro da empresa. Essa percepção levou Lafley a mudar a métrica de bônus de TSR para algo chamado TSR operacional, que se baseia em uma combinação de três medidas reais de desempenho operacional — crescimento de vendas, melhoria da margem de lucro e aumento da eficiência de capital. Sua crença era que, se a P&G satisfizesse seus clientes, o TSR operacional aumentaria e o preço das ações se resolveria por si só no longo prazo. Além disso, o TSR operacional é um número que os presidentes das unidades de negócios da P&G podem realmente influenciar, ao contrário do número TSR baseado no mercado.

• ◎ •

É claro que nem toda empresa que coloca a satisfação do cliente em primeiro lugar será uma P&G ou uma J&J. Mas acredito firmemente que, se mais empresas fizessem dos clientes a principal prioridade, a qualidade da tomada de decisões corporativas aumentaria, pois pensar no cliente o força a se concentrar na melhoria das suas operações e dos produtos e serviços que fornece, e não nos lucros vertiginosos para os acionistas. Isso não significa que você perderá a disciplina de custos; o motivo do lucro não desaparecerá. Os gerentes gostam de lucros tanto quanto os acionistas, porque quanto mais lucros a empresa gera, mais dinheiro está disponível para pagar os gerentes. Em outras palavras, a necessidade de um preço saudável das ações é uma restrição natural a qualquer outro objetivo que você estabeleça. Torná-lo o objetivo principal, no entanto, cria a tentação de trocar ganhos de longo prazo em valor orientado para as operações por ganhos temporários em valor orientado para as expectativas. Para que os CEOs se concentrem no primeiro, precisamos reinventar o propósito da empresa.*

---

* Este capítulo foi adaptado de Roger L. Martin, "The Age of Customer Capitalism", *Harvard Business Review*, janeiro-fevereiro de 2010.

Clientes

A solução familiar geralmente supera a solução perfeita.

Em maio de 2016, o Instagram, aplicativo de compartilhamento de fotos líder da categoria que foi adquirido pelo Facebook, abandonou seu ícone original, uma câmera retrô familiar aos mais de 400 milhões de usuários, e o substituiu por um desenho modernista sem graça que, como explicou o chefe de design, "sugere uma câmera". Sob a ameaça crescente do Snapchat, rival do Instagram, a justificativa para a mudança foi a seguinte: o ícone "estava começando a parecer... não mais refletir a comunidade, e achamos que poderíamos aprimorá-lo".

Bastava ler o título do artigo para entender a avaliação da *AdWeek*, a bíblia do setor de marketing, sobre a mudança: "O Novo Logo do Instagram é uma Piada. Podemos voltar para o anterior? Por favor?" No artigo da *GQ* "A Mudança de Logo que Ninguém Queria Chegou ao Instagram", o painel de designers da revista chamou o novo ícone de "horrível", "feio demais" e "lixo", e resumiu a mudança assim: "O Instagram passou ANOS construindo o patrimônio visual da marca com seu logo, treinando os usuários onde clicar, e agora, em vez iterar o processo, está jogando tudo no lixo em troca de uma tela inicial equivalente a um Starburst."

O Facebook *não foi a primeira (nem a última) empresa* a enfrentar tal reação a um *rebranding* ou relançamento. A PepsiCo teve a mesma experiência com sua Pepsi Zero sem aspartame — assim como o infame desastre da New Coke, uma tentativa fracassada de reinvenção que se traduziu em graves perdas de receita e teve que ser revertida. Assim, a pergunta mais interessante é: por que empresas com bom desempenho como essas sucumbem rotineiramente à atração do *rebranding* radical? Pode-se entender a tentação de adotar tal estratégia diante de um desastre, mas o Instagram, a PepsiCo e a Coca-Cola não enfrentavam crise alguma. (Vale a pena notar que o Snapchat, cuja participação de mercado entre os usuários jovens é agora especialmente forte, se mantém apegado ao seu familiar ícone de fantasma.)

A resposta, creio eu, está enraizada em alguns graves equívocos sobre a natureza da vantagem competitiva. Grande parte do pensamento mais recente em estratégia argumenta que o ritmo acelerado das mudanças nos negócios modernos (talvez ainda mais óbvio no mundo dos aplicativos) significa que nenhuma vantagem competitiva é sustentável. Nessa visão de mundo, as empresas precisam atualizar e adaptar continuamente seus modelos de negócios, estratégias e comunicações para responder em tempo real à explosão de escolhas à disposição de consumidores cada vez mais sofisticados. Para manter os clientes fiéis — e atrair novos —, você precisa permanecer relevante e superior. Por isso, o Instagram estava fazendo exatamente o que deveria: mudando de forma proativa.

Esse é um pensamento inovador, com certeza, mas muitas evidências o contradizem. Pense na Southwest Airlines, na Vanguard e na IKEA, citadas como exemplos de vantagem competitiva duradoura há mais de 25 anos no clássico artigo de Michael Porter, "O que É Estratégia?", publicado em 1996 na HBR. Apesar da noção de que a vantagem sustentável é impossível, um quarto de século depois, todas essas empresas ainda estão no topo de seus respectivos setores, desenvolvendo estratégias e marcas de maneira praticamente inalterada. E, embora o Google, o Facebook e a Amazon possam tropeçar e ser esmagados por algum arrivista, suas posições competitivas não são fugazes. Os gestores das marcas Tide e Head & Shoulders dos últimos 75 e 60 anos, respectivamente, ficariam surpresos se lhes dissessem que suas vantagens de mais de meio século não foram ou não são sustentáveis. E isso me leva a uma verdade importante sobre os clientes: *a solução familiar geralmente supera a solução perfeita.*

Neste capítulo, vou me basear em pesquisas comportamentais modernas para oferecer uma teoria que explica erros como o do Instagram e histórias de sucesso como a da Tide. Meu argumento é que o desempenho sustentado é alcançado não ao sempre oferecer aos clientes a escolha perfeita, mas, sim, a escolha fácil. Portanto, mesmo que uma proposta de valor seja o que os atraiu em primeiro lugar, não é necessariamente o que continuará os atraindo. Nessa visão de mundo alternativa, manter os clientes leais não envolve se adaptar continuamente às necessidades de mudança a fim de permanecer a melhor opção racional ou emocional. Trata-se de ajudar os clientes a evitar a necessidade de escolher. Para isso, é preciso criar o que eu chamo de *vantagem cumulativa*.

Vamos começar explorando o que nosso cérebro faz quando compramos.

Criaturas de Hábito

A sabedoria convencional sobre a vantagem competitiva é que as empresas de sucesso escolhem uma posição, visam um conjunto de consumidores e configuram atividades para atendê-los melhor. O objetivo é fazer com que os clientes repitam suas compras, combinando a proposta de valor a suas necessidades. Ao afastar os concorrentes, por meio de um processo de evolução contínuo para oferecer singularidade e personalização, a empresa pode alcançar uma vantagem competitiva sustentável. Uma suposição implícita nessa definição é que os consumidores estão tomando decisões deliberadas, talvez até racionais — as razões para comprar produtos e serviços podem até ser emocionais, mas sempre resultam de uma lógica até certo ponto consciente. Portanto, uma boa estratégia é aquela que descobre e responde a essa lógica.

Mas a ideia de que as decisões de compra surgem da escolha consciente contraria muitas pesquisas em psicologia comportamental. O cérebro, ao que parece, é mais uma máquina de preenchimento de lacunas do que uma máquina analítica: ele pega informações cheias de ruído e incompletas do mundo e *preenche* rapidamente as peças que faltam com base em experiências passadas. A intuição — pensamentos, opiniões e preferências que vêm à mente rapidamente e sem reflexão, mas são fortes o suficiente para incitar a ação — é o produto final desse processo. Não é apenas *o que* é preenchido que determina nossos julgamentos intuitivos. Eles são fortemente influenciados pela velocidade e pela facilidade do processo de preenchimento em si, um fenômeno que os psicólogos chamam de *fluência de processamento*. Quando descrevemos uma tomada de decisão como algo que "parece certo", o processamento que levou à decisão foi fluente.

A fluência de processamento é em si o produto da experiência repetida e aumenta exponencialmente com o número de vezes que temos a experiência. A percepção e a identificação de um objeto são aprimoradas pela exposição prévia a ele. À medida que um objeto é apresentado repetidamente, os neurônios que codificam características não essenciais para o reconhecimento do objeto refreiam suas respostas e a rede neural se torna mais seletiva e eficiente na identificação do objeto. Estímulos repetidos têm limiares de identificação perceptual mais baixos, requerem menos atenção para serem notados e são nominados e lidos de forma mais rápida e precisa. Além disso, consumidores tendem a preferir estímulos conhecidos a novos.

Em suma, a pesquisa sobre o funcionamento do cérebro humano sugere que a mente adora a automaticidade mais do que qualquer outra coisa — certamente mais do que se envolver em análise consciente. Dada uma escolha, ela gostaria de tomar sempre o mesmo caminho. Se a mente desenvolver ao longo do tempo uma visão de que a Tide limpa melhor as roupas e o produto da marca está disponível e acessível na prateleira da loja ou na página da web, o mais fácil e familiar é comprá-lo novamente.

A razão para escolher o produto líder no mercado, portanto, é simplesmente o fato de que esse é o caminho mais fácil: em qualquer canal de distribuição em que você comprar, ele será a oferta mais proeminente. No supermercado, no atacadista ou na farmácia, ele dominará a prateleira. Além disso, ao se deparar com o produto em questão, provavelmente você já o tenha comprado dessa mesma prateleira. Então fazer isso de novo é a ação mais fácil. E tem mais, toda vez que você compra outra unidade da marca em questão, torna o processo ainda mais fácil — e sua mente agradece. Essa ação contribui para um ligeiro aumento da lacuna de facilidade em relação aos produtos que você não escolheu, e essa lacuna aumenta a cada compra e uso. Essa lógica vale tanto na nova economia quanto na antiga. Se o seu navegador estiver configurado para abrir o site do Facebook como página inicial, em que cada aspecto é totalmente familiar para você, o impacto será tão poderoso quanto se deparar com uma prateleira de Tide em uma loja — ou até mais.

Comprar a marca maior e mais fácil cria, ao longo do tempo, um ciclo em que a liderança compartilhada é continuamente reforçada. Cada vez que você seleciona e usa um determinado produto ou serviço, a vantagem deste é acumulada em detrimento de produtos ou serviços que você não usou.

O crescimento da vantagem cumulativa — desde que ausentes mudanças que obriguem a uma reavaliação consciente — é inexorável. Há 35 anos, no lucrativo mercado de sabão de lavanderia nos EUA, a marca Tide desfrutava de uma pequena vantagem de 33% a 28% em relação à Surf, da Unilever. Na época, os consumidores formaram, de modo gradual e contínuo, hábitos que colocaram a Tide em vantagem em relação à Surf. A cada ano, o diferencial de hábito aumentava e a lacuna de participação ampliava. Em 2008, a Unilever abandonou o negócio e vendeu suas marcas para um fabricante de sabão com marca própria. Atualmente, a Tide desfruta de uma participação de mercado superior a 40%, o que faz dela a líder de participação de mercado no setor de sabão nos EUA. Seu maior concorrente de marca tem uma participação de menos de 10%. (Para uma discussão sobre por que pequenas marcas ainda sobrevivem nesse ambiente, consulte o quadro "O Inesperado Lado Positivo da Deslealdade do Cliente".)

O Inesperado Lado Positivo da Deslealdade do Cliente

Se os consumidores são escravos do hábito, é difícil argumentar que sejam clientes "leais" no sentido de que se conectam de forma consciente a uma marca na suposição de que ela atende às necessidades racionais ou emocionais. Na verdade, os clientes são muito mais inconstantes do que muitos profissionais de marketing supõem: muitas vezes, as marcas que se acredita contarem com clientes fiéis alcançam as pontuações de fidelidade mais baixas.

Por exemplo, a Colgate e a Crest são as principais marcas de pasta de dente no mercado norte-americano, com cerca de 75 pontos de participação entre elas. Os clientes de ambas são leais 50% das vezes (sua marca preferida representa 50% de suas compras anuais de pasta de dente). A pasta de dente Tom's, uma marca "natural" de nicho com sede no Maine, tem uma participação de mercado de 1% e acredita-se que tenha um público fanático. Pode-se esperar que os dados mostrem que esse 1% é composto principalmente por compradores habituais. Mas, na verdade, os clientes da Tom's são leais apenas 25% das vezes — metade da taxa das grandes marcas.

Então, por que marcas marginais como a Tom's sobrevivem? A resposta, talvez inesperada, é que, com as taxas de fidelidade de grandes marcas em 50%, um número suficiente de clientes comprará pequenas marcas de tempos em tempos de modo a mantê-las no negócio. Mas as pequenas marcas não conseguem superar a barreira da familiaridade e, embora marcas inteiramente novas ingressem em categorias e se tornem líderes, é muito raro que uma marca marginal estabelecida supere com sucesso um líder estabelecido.

Um Complemento à Escolha

Não estou afirmando que a escolha do consumidor nunca é consciente, ou que a qualidade de uma proposta de valor é irrelevante. Pelo contrário: as pessoas devem ter um motivo para comprar um produto em primeiro lugar. E, às vezes, uma nova tecnologia ou um novo regulamento permite que uma empresa exija a análise de um produto — reduzindo radicalmente o preço, oferecendo novos recursos ou fornecendo uma solução totalmente nova para uma necessidade do cliente.

Escolhas robustas de onde jogar e como vencer, portanto, ainda são essenciais para a estratégia. Sem uma proposta de valor superior às dos concorrentes que disputam os mesmos clientes, uma empresa não tem um ponto de partida.

Mas, se é para estender essa vantagem competitiva inicial, a empresa deve investir em transformar sua proposição em um hábito, em vez de uma escolha. Assim, podemos definir formalmente a vantagem cumulativa como a camada que uma empresa constrói sobre sua vantagem competitiva inicial, tornando seu produto ou serviço uma escolha cada vez mais instintivamente confortável para o cliente.

As empresas que não conseguem construir vantagem cumulativa provavelmente serão ultrapassadas por concorrentes que conseguem fazê-lo. Um bom exemplo é o do MySpace, cujo fracasso costuma ser citado como prova de que a vantagem competitiva é inerentemente insustentável. Permita-me apresentar uma interpretação diferente.

Lançado em agosto de 2003, o MySpace tornou-se o site de rede social número um dos EUA em dois anos e, em 2006, ultrapassou o Google para se tornar o site mais visitado de qualquer tipo no país. No entanto, apenas dois anos depois, foi superado pelo Facebook, que destruiu sua vantagem competitiva — tanto que o MySpace foi vendido em 2011 por US$35 milhões, uma fração dos US$580 milhões que a NewsCorp pagou por ele em 2005.

Por que o MySpace fracassou? Nossa resposta é que ele nem tentou alcançar e sustentar a vantagem cumulativa. Para início de conversa, como é notório, permitiu que os usuários criassem páginas da web que expressassem seu próprio estilo pessoal, de modo que as páginas individuais eram muito diferentes para os visitantes. A publicidade também era exibida de maneiras discrepantes — e incluía anúncios de serviços duvidosos, o que irritou os reguladores. Quando comprou o MySpace, a NewsCorp aumentou a densidade de anúncios, desordenando ainda mais o site. Em uma tentativa de atrair mais usuários, o MySpace lançou o que a *Bloomberg Businessweek* chamou de "um número vertiginoso de recursos: ferramentas de comunicação como mensagens instantâneas, um programa de classificados, um *player* de vídeo e um de música, uma máquina de karaokê virtual, uma plataforma de publicidade self-service, ferramentas de edição de perfil, sistemas de segurança, filtros de privacidade, listas de livros do MySpace e assim por diante". Como resultado, em vez de tornar seu site uma escolha cada vez mais confortável e instintiva, o MySpace manteve seus usuários confusos, sempre imaginando (e até receando) o que mais estava por vir.

Compare isso com o Facebook. Desde o primeiro dia, o Facebook vem construindo vantagem cumulativa. De início, ele tinha alguns recursos atraentes que o MySpace não tinha, tornando-se uma boa proposta de valor, mas o mais importante para o seu sucesso tem sido a consistência da aparência e da sensação transmitidas. Os usuários aderem aos rígidos padrões do Facebook, e o Facebook não se adéqua a nada nem ninguém. Quando levou sua agora famosa extensão do desktop para o celular, o Facebook garantiu que a experiência móvel dos usuários fosse altamente consistente com a experiência no desktop. Suas novas introduções de serviços não comprometeram o conforto e a familiaridade. Ao fornecer uma experiência familiar confiável, o Facebook construiu uma vantagem cumulativa para se tornar o site de rede social mais viciante do mundo. Isso torna a mudança de ícone da sua subsidiária Instagram ainda mais desconcertante.

Os Imperativos da Vantagem Cumulativa

O MySpace e o Facebook ilustram muito bem a realidade dual de que a vantagem sustentável é tanto possível quanto incerta. Como, então, o próximo MySpace pode sustentar, aprimorar e estender sua vantagem competitiva construindo uma camada protetora de vantagem cumulativa? Aqui estão quatro regras básicas a serem seguidas.

Torne-se popular cedo

Essa ideia está longe de ser nova — está implícita em muitos dos melhores e mais antigos trabalhos sobre estratégia, e podemos vê-la na conquista de Bruce Henderson, o famoso fundador do Boston Consulting Group. O foco específico de Henderson estava no impacto benéfico da produção cumulativa nos custos — a agora famosa Curva de Experiência, que sugere que, à medida que a experiência em fazer algo aumenta, o gerenciamento de custos do fabricante se torna mais eficiente. Ele argumentou que as empresas devem precificar agressivamente no início — "à frente da Curva de Experiência", em suas palavras — e, assim, ganhar participação de mercado suficiente para proporcionar custos mais baixos, maior participação relativa e maior lucratividade à empresa. A inferência era clara: a vantagem inicial na participação de mercado é importante — e muito.

Os profissionais de marketing há muito tempo entendem a importância de uma vitória precoce. Lançada especificamente para atender ao crescente mercado de máquinas de lavar automáticas, a Tide é uma das marcas mais reverenciadas, bem-sucedidas e lucrativas da P&G. Quando foi introduzida, em 1946, imediatamente teve o maior peso publicitário na categoria. Para criar o hábito dos consumidores, a P&G também garantiu que toda máquina de lavar automática nos Estados Unidos fosse vendida com uma caixa grátis de Tide. A marca rapidamente venceu o concurso de popularidade inicial e nunca mais perdeu o posto.

Amostras grátis de novos produtos para teste sempre foram uma tática popular entre os profissionais de marketing. Preços agressivos são igualmente populares. A Samsung emergiu como líder de participação de mercado na indústria de smartphones em todo o mundo, fornecendo telefones baseados em Android muito acessíveis que as operadoras poderiam oferecer gratuitamente com contratos de serviço. Para as empresas da internet, a gratuidade é a tática central para estabelecer hábitos. Praticamente todas as histórias de sucesso da internet em larga escala — eBay, Google, Twitter, Instagram, Uber, Airbnb — oferecem serviços gratuitos para criar e aprofundar o hábito dos consumidores e depois vender esses usuários a um provedor ou anunciante disposto a pagar.

Projete para o hábito

Como vimos, o melhor resultado é que sua oferta se torna objeto de uma resposta automática. Então, projete para isso — não deixe o resultado inteiramente ao acaso. Vimos como o Facebook lucra com sua atenção para um design consistente e formador de hábitos, que fez o uso de sua plataforma ir além do que entendemos como hábito: verificar se há atualizações tornou-se um vício real para 1 bilhão de pessoas. Claro, o Facebook se beneficia de efeitos de rede cada vez maiores. Mas a vantagem real é que mudar do Facebook também implica abandonar um vício poderoso.

A BlackBerry, pioneira dos smartphones, é talvez o melhor exemplo de uma empresa que projetou para o vício de forma consciente. Seu fundador, Mike Lazaridis, criou o dispositivo de modo a tornar o ciclo de sentir a vibração, sacar o BlackBerry, verificar a mensagem e responder usando o teclado QWERTY em miniatura o mais viciante possível. E conseguiu, o que rendeu ao dispositivo o apelido de CrackBerry. A força do hábito era tão grande que, mesmo depois que a BlackBerry sucumbiu à mudança para smartphones baseados em aplicativos de internet e tela sensível ao toque, como o iPhone, um grupo de clientes altamente viciados — que se recusava a se adaptar a novos hábitos — conseguiu que os novos gestores relançassem um BlackBerry semelhante aos dispositivos da geração anterior, com o reconfortante nome de Classic.

Como apontou Art Markman, psicólogo da Universidade do Texas, certas regras devem ser respeitadas ao projetar para o hábito. Para começar, você deve ter o cuidado de manter a coerência dos elementos de design evidentes de modo que os compradores encontrem seu produto rapidamente. Cores e formas distintas — como o laranja vívido da Tide e o logo do Doritos — cumprem muito bem esse papel.

Encontre maneiras de fazer com que os produtos se encaixem no ambiente das pessoas para incentivar o uso. Quando a P&G lançou o aromatizante Febreze, os consumidores gostaram do funcionamento do produto, mas não o usavam com frequência. Descobriu-se que parte do problema era o frasco igual ao de limpadores de vidro, que sinalizava que o produto deveria ser guardado no armário. O recipiente foi redesenhado de modo que pudesse ficar exposto na bancada ou em um gabinete mais visível e o uso após a compra aumentou.

Infelizmente, as mudanças de design muitas vezes acabam quebrando os hábitos, em vez de fortalecê-los. Procure mudanças que reforcem os hábitos e incentivem a recompra. O Amazon Dash Button é um excelente exemplo: ao criar uma maneira simples para as pessoas fazerem novos pedidos dos produtos que usam com frequência, a Amazon as ajuda a desenvolver hábitos e as vincula a um canal de distribuição específico.

Inove dentro da marca

Como já observado, as empresas se arriscam ao se envolver em iniciativas de "relançamento", "nova embalagem" ou "nova plataforma" para um produto, pois tais esforços podem exigir que os clientes quebrem seus hábitos. É claro que as empresas precisam manter seus produtos atualizados, mas as mudanças na tecnologia ou em outros recursos devem, idealmente, ser introduzidas de maneira que possibilite que a nova versão de um produto ou serviço incorpore a vantagem cumulativa do antigo.

Mesmo aqueles mais bem-sucedidos em construir vantagem cumulativa às vezes esquecem essa regra. A P&G, por exemplo, que incrementou a vantagem cumulativa da Tide ao longo de 75 anos por meio de grandes mudanças, teve que aprender algumas lições dolorosas em seu caminho. Indiscutivelmente, a primeira grande inovação em sabão após o lançamento da marca Tide foi a criação de sabão líquido. A primeira resposta da P&G, em 1975, foi lançar uma nova marca, a Era. Sem nenhuma vantagem cumulativa, a Era não conseguiu se tornar uma marca importante, apesar da crescente substituição de sabão em pó por líquido.

Reconhecendo que, como a marca número um na categoria, a Tide tinha uma forte conexão com os consumidores e uma poderosa vantagem cumulativa, a P&G decidiu lançar o Liquid Tide, em 1984, em embalagens familiares e com consistência de marca. O produto passou a ser o sabão líquido dominante, apesar de sua entrada tardia. Após essa experiência, a P&G teve o cuidado de garantir que outras inovações fossem consistentes com a marca Tide. Quando seus cientistas descobriram como incorporar alvejante ao sabão, o novo produto foi chamado de Tide plus Bleach. A versão com a tecnologia inovadora de limpeza a frio foi apresentada como Tide Coldwater, e a revolucionária forma de cápsula "três em um" foi lançada como Tide Pods. A marca não poderia ter sido mais simples ou mais clara: esta é a sua amada marca Tide, nas versões com água sanitária adicionada, para lavagem a frio e em cápsulas. Essas mudanças carregadas de conforto e familiaridade reforçaram, em vez de diminuir, a vantagem cumulativa da marca. Os novos produtos preservaram a aparência da embalagem tradicional da Tide — o tom de laranja vívido e o logo de alvo. Nas poucas vezes na história da Tide em que esse visual foi alterado — a embalagem azul para o lançamento da Tide Coldwater —, o efeito sobre os consumidores foi significativamente negativo e a mudança foi rapidamente revertida.

É claro que, às vezes, a mudança é necessária para manter a relevância e a vantagem. Em tais situações, as empresas inteligentes conseguem ajudar os clientes a fazer a transição do hábito antigo para o novo. A Netflix começou como um serviço que entregava DVDs aos clientes por correio. Estaria fora do negócio hoje se tivesse tentado maximizar a continuidade e se recusado a mudar. Em vez disso, ela se transformou com sucesso em um serviço de streaming de vídeo.

Embora agora comercialize uma plataforma completamente diferente para entretenimento digital, envolvendo um novo conjunto de atividades, a Netflix encontrou maneiras de ajudar seus clientes, destacando os aspectos que não precisava mudar. A plataforma tem a mesma aparência e ainda é um serviço de assinatura que oferece às pessoas acesso ao entretenimento mais recente sem sair de casa. Assim, seus clientes conseguem lidar com os aspectos necessários da mudança, preservando o máximo possível do hábito. Para os clientes, "aprimorado" é muito mais confortável e menos assustador do que "novo", por mais incrível que "novo" soe para gestores de marca e agências de publicidade.

Comunique-se de forma simples

Daniel Kahneman, um dos pais da ciência comportamental, descreveu a tomada de decisão subconsciente e orientada pelo hábito como "pensar rápido" e a tomada de decisão consciente como "pensar devagar". Profissionais de marketing e anunciantes muitas vezes parecem viver em modo de pensamento lento. Eles são recompensados com os elogios em relação à inteligência com que combinam e destacam os múltiplos benefícios de um novo produto ou serviço. É verdade que anúncios inteligentes e memoráveis às vezes levam os clientes a mudar seus hábitos. A mente consciente de pensamento lento, caso decida prestar atenção, pode muito bem dizer: "Uau, isso é impressionante. Mal posso esperar!"

Mas, se os espectadores não estão prestando atenção (como na grande maioria dos casos), uma comunicação engenhosa pode sair pela culatra. Considere o anúncio de uma das iterações do smartphone Galaxy, líder de mercado da Samsung. Começava mostrando sucessivas vinhetas de smartphones de aparência genérica que (a) não eram resistentes à água; (b) não protegiam contra o envio acidental de uma mensagem embaraçosa por uma criança; e (c) não permitiam uma fácil troca de bateria. Em seguida, declarava triunfantemente que o Galaxy, de aparência muito semelhante aos três telefones mostrados, supera todas essas falhas.

Os espectadores conscientes, de pensamento lento, caso assistissem a todo o anúncio, poderiam ter sido convencidos de que o Galaxy em questão era diferente e superior aos outros celulares. Mas, indiscutivelmente, a maior probabilidade era que os telespectadores de pensamento rápido o associassem de modo subconsciente às três deficiências. Ao tomar uma decisão de compra, eles podem ser influenciados por um apelo subconsciente: "Não compre aquele com problemas de resistência à água, envio de mensagens indesejadas e troca de bateria." Na verdade, o anúncio pode até induzi-los a comprar o produto de um concorrente — como o iPhone — cuja mensagem sobre resistência à água, na época, era mais simples de entender.

Lembre-se: a mente é preguiçosa. Ela não quer intensificar a atenção para absorver uma mensagem com esse nível de complexidade. Apenas demonstrar a resistência à água do Samsung Galaxy teria sido muito mais poderoso — ou melhor ainda, mostrar um cliente comprando um Galaxy e sendo informado pelo representante de vendas que o produto é resistente à água. Este último anúncio comunicaria às mentes de pensamento rápido a ação esperada: ir a uma loja e comprar o Samsung Galaxy. É claro que nenhum desses anúncios ganharia um prêmio pela sagacidade da redação publicitária.

Muitos estrategistas parecem convencidos de que a vantagem sustentável só pode ser alcançada ao fazer com que a proposta de valor de uma empresa seja sempre a primeira escolha racional ou emocional do consumidor consciente. Eles se esqueceram, ou nunca entenderam, do domínio da mente subsconsciente na tomada de decisão. Para pensadores rápidos, produtos e serviços fáceis de acessar e que reforçam hábitos de compra confortáveis ao longo do tempo superarão alternativas inovadoras, mas desconhecidas, que podem ser mais difíceis de encontrar e exigem a criação de novos hábitos. Portanto, cuidado para não cair na armadilha de atualizar reiteradamente sua proposta de valor e sua marca. Não importa se você é um *player* grande e estabelecido, opera em um nicho estreito dentro de seu mercado ou é um novo entrante de um mercado inovador, qualquer empresa é capaz de sustentar a vantagem inicial fornecida por uma proposta de valor superior ao entender e seguir as quatro regras da vantagem cumulativa.*

---

* Este capítulo foi adaptado de A.G. Lafley e Roger L. Martin, "Customer Loyalty Is Overrated", *Harvard Business Review*, janeiro-fevereiro de 2017.

PARTE 2
Escolhas

4

Estratégia

Na estratégia, o que conta é o que deveria ser verdade — não o que é verdade.

Os planejadores estratégicos se orgulham de seu rigor. As estratégias devem ser guiadas por números e extensas análises não contaminadas por vieses, julgamentos ou opiniões. Quanto maiores as planilhas, mais confiante uma organização está de seu processo. Todos esses números, todas essas análises, *parecem* científicos; e, no mundo moderno, "científico" é igual a "bom".

No entanto, se fosse assim, por que os gerentes de operações na maioria das grandes e médias empresas temem o ritual anual de planejamento estratégico? Por que esse ritual consome tanto tempo e tem tão pouco impacto nas ações da empresa? Converse com esses gerentes e você provavelmente descobrirá uma frustração mais profunda: a sensação de que o planejamento estratégico não produz novas estratégias. Em vez disso, perpetua o status quo.

Uma reação comum é tornar-se explicitamente anticientífico — livrar-se dos grilhões do processamento de dados organizado e recorrer a "eventos de ideação" fora da empresa ou "jam sessions" online destinadas a estimular o pensamento "fora da caixa". Esses processos podem resultar em novas ideias radicais, mas o mais provável é que essas ideias não possam ser traduzidas em escolhas estratégicas que orientem a ação produtiva. Como disse um gerente: "Há uma razão para essas ideias estarem fora da caixa."

Para superar o impasse, você precisa mudar a maneira de pensar em fazer uma estratégia bem-sucedida: *na estratégia, o que conta é o que deveria ser verdade — não o que é verdade*. Em termos científicos, o desenvolvimento de uma estratégia vencedora envolve a criação e o teste de novas hipóteses de causa-efeito e a identificação do que deve ser diferente sobre o mundo para que essas hipóteses funcionem. E um desenvolvimento estruturado de novas hipóteses é tanto um processo científico quanto a análise estruturada de dados.

Neste capítulo, apresentarei uma abordagem de sete etapas para a elaboração de estratégias ancorada na formulação estruturada de um conjunto de hipóteses bem articuladas — ou *possibilidades estratégicas* — para os estrategistas escolherem. Ela examina o que teria que ser verdade sobre o mundo para que cada possibilidade seja apoiada. Só então ela libera o poder da análise para determinar qual das coisas que teriam que ser verdadeiras é mais viável.

Etapa 1: Passe dos Problemas para a Escolha

A elaboração de estratégias convencionais tende a se concentrar em problemas, como queda nos lucros ou na participação de mercado. Enquanto for esse o caso, a organização cairá na armadilha de investigar dados relacionados aos problemas, em vez de explorar e testar possíveis soluções.

Uma maneira simples de fazer com que os estrategistas evitem essa armadilha é exigir que eles definam duas opções mutuamente exclusivas que possam resolver o problema em questão. Depois de enquadrar o problema como uma escolha — qualquer escolha —, sua análise e suas emoções se concentrarão no que você tem que fazer em seguida, não em descrever ou analisar o desafio a ser enfrentado. A abordagem baseada em possibilidades, portanto, começa com o reconhecimento de que a organização deve fazer uma escolha e que essa escolha tem consequências. Para a equipe de gestão, essa é a proverbial travessia do Rubicão — o passo que inicia o processo de elaboração da estratégia.

No final da década de 1990, quando a Procter & Gamble pretendia se tornar um importante *player* no setor global de cuidados de beleza, havia um grande problema: ela não tinha uma marca sólida de cuidados com a pele, o maior e mais lucrativo segmento do setor. Tudo o que ela tinha era a Oil of Olay, uma marca pequena e de baixo mercado com uma base de consumidores que estava envelhecendo. A P&G cruzou seu Rubicão e estabeleceu duas possibilidades: poderia transformar drasticamente a Oil of Olay em uma concorrente digna de marcas como L'Oréal, Clarins e La Prairie, ou poderia gastar bilhões de dólares para comprar uma grande marca existente de cuidados com a pele. Esse enquadramento ajudou os gestores a internalizar a magnitude do que estava em jogo. Nesse ponto, a P&G passou de contemplar um problema a enfrentar uma escolha séria.

Etapa 2: Gere Possibilidades Estratégicas

Após reconhecer que uma escolha precisa ser feita, você consegue contemplar toda a gama de possibilidades a ser considerada. E essas possibilidades podem ser versões das opções já identificadas. Por exemplo, a P&G poderia tentar desenvolver a Oil of Olay em seu nível atual de preços ou levá-la ao mercado de luxo; ou poderia tentar comprar a empresa alemã proprietária da Nivea ou tirar a Clinique das mãos da Estée Lauder. Possibilidades também podem existir fora das opções iniciais. Por exemplo, a P&G poderia ampliar a Cover Girl, sua marca de cosméticos de sucesso, para incluir cuidados com a pele e construir uma marca global nessa plataforma.

Construir possibilidades estratégicas, especialmente aquelas que são genuinamente novas, é o ato criativo definitivo nos negócios. Ninguém no restante da indústria da beleza teria imaginado que a P&G estava reinventando a Olay e corajosamente enfrentando as principais marcas de prestígio. Para gerar essas opções criativas, você precisa de uma ideia clara do que constitui uma possibilidade, além de uma equipe imaginativa, mas bem fundamentada, e de um processo robusto para gerenciar o debate.

Resultado desejado

Uma possibilidade é, em essência, uma história feliz que descreve como uma empresa pode ter sucesso. Cada história estabelece onde a empresa atua em seu mercado e como tem sucesso. Deve ter uma lógica interna consistente, mas que, naquele momento, não precisa ser comprovada. Desde que imaginemos que *possa* ser válida, a possibilidade precisa ser considerada. Caracterizar possibilidades como histórias que não requerem provas ajuda as pessoas a discutir o que pode ser viável, mas que ainda não existe. É muito mais fácil contar uma história sobre por que uma possibilidade pode fazer sentido do que fornecer dados sobre as chances de sucesso.

Uma tentação comum é esboçar somente as possibilidades do mais alto nível. Mas um lema ("Seja global") ou um objetivo ("Seja o número um") não constitui possibilidades estratégicas. Exortamos as equipes a especificar em detalhes a *vantagem* que pretendem alcançar ou alavancar, o *escopo* em que a vantagem se aplica e as *atividades* em toda a cadeia de valor que forneceriam a vantagem pretendida em todo o escopo desejado. Caso contrário, é impossível revelar a lógica subjacente de uma possibilidade e aplicar os testes subsequentes. Na possibilidade da Cover Girl, a vantagem viria da marca forte e da base de consumidores existente, combinada com a P&D da Procter & Gamble e as capacidades globais de entrada no mercado. O escopo seria limitado ao grupo demográfico mais jovem no cerne da atual base de consumidores da Cover Girl, e precisaria ser construído internacionalmente a partir da América do Norte, onde a marca era forte. As principais atividades incluiriam alavancar o grupo de modelos e celebridades endossantes da Cover Girl.

Os gestores costumam perguntar: "Quantas possibilidades devemos gerar?" A resposta varia de acordo com o contexto. Algumas indústrias oferecem poucas histórias felizes — simplesmente não há muitas alternativas boas. Outras, especialmente aquelas que passam por problemas ou com diversos segmentos de clientes, têm muitas direções potenciais. Acho que a maioria das equipes considera de três a cinco possibilidades em profundidade. Em um aspecto dessa questão, sou inflexível: a equipe *deve* gerar mais de uma possibilidade. Caso contrário, nunca realmente começou o processo de criação de estratégias porque não se via diante de uma escolha. Analisar uma única possibilidade não é propício para produzir uma ação ideal — ou, de fato, qualquer ação.

Insisto também que o status quo ou a trajetória atual esteja entre as possibilidades consideradas. Em estágios posteriores, isso força a equipe a especificar o que deve ser verdade para que o status quo seja viável, eliminando, assim, a suposição implícita comum: "Na pior das hipóteses, podemos continuar fazendo o que já estamos fazendo." O status quo às vezes é um caminho para o declínio. Ao incluí-lo entre as possibilidades, uma equipe o torna sujeito a investigação e possíveis dúvidas.

A equipe da P&G apresentou cinco possibilidades estratégicas além do status quo. A primeira era abandonar a Oil of Olay e adquirir uma grande marca global de cuidados com a pele. A segunda era manter a Oil of Olay na posição em que estava, como uma marca de mercado de massa com preço de entrada, e fortalecer seu apelo aos atuais consumidores mais velhos, alavancando os recursos de P&D para melhorar seu desempenho na divisão de redução de rugas. A terceira era levar a Oil of Olay para um canal de distribuição de prestígio — lojas de departamento e lojas de beleza especializadas — como uma marca de luxo. A quarta era reinventar completamente a Olay como uma marca de prestígio que atrairia mais amplamente mulheres mais jovens (de 35 a 50 anos), mas seria vendida em canais de massa tradicionais por parceiros de varejo dispostos a criar uma experiência *masstige**, com uma seção de exibição especial. A quinta era ampliar a marca Cover Girl para abranger os cuidados com a pele.

As pessoas

O grupo encarregado de sonhar com possibilidades estratégicas deve representar uma diversidade de especialidades, origens e experiências. Caso contrário, é difícil gerar possibilidades criativas e dar corpo a cada uma delas em detalhes suficientes. Acho útil incluir indivíduos que não criaram e, portanto, não estão emocionalmente vinculados ao status quo. Isso, em geral, implica a participação de talentosos executivos juniores. Eu também acho que indivíduos de fora da empresa, de preferência fora da indústria, muitas vezes oferecem as ideias mais originais. Por fim, acredito que é crucial incluir gerentes de operações, não apenas membros da equipe, no processo. Isso não só aprofunda a sabedoria prática, mas também constrói o compromisso precoce e o conhecimento da estratégia que é finalmente escolhida. Se você me mostrar uma empresa onde os planejadores são diferentes dos executores, eu lhe mostrarei uma empresa onde o que é feito é diferente do que foi planejado.

O tamanho ideal do grupo varia entre as organizações e suas culturas. Empresas com cultura de inclusão, por exemplo, devem montar um grande grupo. Ao seguir esse caminho, use grupos de discussão para debater as possibilidades específicas; um grupo maior que oito ou dez pessoas tende a se autocensurar.

• • • • •

* *Masstige*, contração das palavras inglesas *mass* (massa) e *prestige* (prestígio), significa a venda de produtos diferenciados e premium, a preços bem mais acessíveis.

Em geral, não é uma boa ideia ter a pessoa mais sênior servindo como líder; ela terá dificuldade em convencer os outros de que não está desempenhando seu papel habitual de chefe. Em vez disso, escolha um respeitado *insider* de nível inferior que não seja percebido como alguém que defenda abertamente qual curso deve ser escolhido. Ou prefira um facilitador externo que tenha alguma experiência com a empresa.

As regras

Uma vez selecionados, os geradores de possibilidades devem se comprometer a separar seu primeiro passo — a criação de possibilidades — das etapas subsequentes de teste e seleção. Gestores com mentes críticas tendem naturalmente a receber cada nova ideia com uma longa lista de razões pelas quais ela não funcionará. O líder deve constantemente lembrar ao grupo que o momento para o ceticismo virá mais tarde; por enquanto, é preciso suspender o julgamento. Se alguém persistir com uma crítica, o líder deve exigir que ele a reformule como uma condição e a apresente para discussão no próximo passo. Por exemplo, a crítica "Os clientes nunca aceitarão preços diferenciais" se torna a condição "Essa possibilidade exige que os clientes aceitem preços diferenciais". É particularmente importante que o líder não descarte as possibilidades no início. Se isso acontecer, abrirá o caminho para que aconteça com todas. E remover uma opção com a qual um determinado membro se identifique fortemente pode fazer com que essa pessoa se exclua do processo.

Muitas equipes de gerenciamento tentam gerar possibilidades estratégicas em uma única sessão de brainstorming fora do local de trabalho. Essas sessões são úteis, especialmente se forem realizadas em um local incomum que tire as pessoas de suas rotinas e hábitos. Também já presenciei equipes se beneficiarem de um processo de geração de possibilidades que perdure algum tempo, para que os indivíduos tenham a oportunidade de refletir, pensar criativamente e desenvolver as ideias. Talvez seja mais eficaz começar pedindo a cada pessoa que gaste de 30 a 45 minutos esboçando de três a cinco (ou mais) histórias. As histórias não precisam ser detalhadas; devem realmente ser apenas esboços. Após esse exercício, o grupo (ou grupos de discussão) detalha as possibilidades iniciais.

A geração de possibilidades é centrada na criatividade, e muitas técnicas têm a intenção de estimulá-la. Descobri que três tipos de perguntas de sondagem são especialmente úteis. As *inside-out* partem dos ativos e das capacidades da empresa para então chegar ao mercado: o que essa empresa faz especialmente bem que possa ser valorizado por partes do mercado e que possa produzir uma vantagem superior de custo e valor para o comprador? As *outside-in* procuram aberturas no mercado: quais as necessidades mal atendidas, quais as necessidades que os clientes acham difíceis de expressar e quais as lacunas deixadas pelos concorrentes? As *far-outside-in* usam raciocínio analógico: o que seria necessário para ser o Google, a Apple ou o Walmart desse mercado?

Você saberá que tem um bom conjunto de possibilidades para trabalhar se dois cenários se revelarem verdadeiros. Primeiro, o status quo não parece uma ideia brilhante: pelo menos uma outra possibilidade intriga o grupo o suficiente para fazê-lo realmente questionar a ordem existente. Segundo, pelo menos uma possibilidade deixa a maior parte do grupo desconfortável: está distante o suficiente do status quo para que o grupo questione se seria viável ou segura. Se um ou ambos os cenários não ocorrerem, provavelmente é hora de outra rodada de geração de possibilidades.

A possibilidade desconfortável para a P&G era a quarta opção. Envolvia transformar uma marca fraca e de baixo custo em um *player* mais desejável que pudesse competir com produtos de lojas de departamento de luxo e, em seguida, criar um segmento *masstige* inteiramente novo que os varejistas de massa apoiariam entusiasticamente.

Etapa 3: Especifique as Condições para o Sucesso

O objetivo desta etapa é especificar o que *deveria ser verdade* para cada possibilidade ser uma ótima escolha. Observe que esta etapa não se destina a discutir o que *é* verdade. Não se destina a explorar ou avaliar a solidez da lógica por trás das várias possibilidades ou considerar dados que podem ou não apoiar a lógica — isso vem depois. Qualquer consideração de evidência neste momento prejudica o processo.

Essa distinção é de máxima importância. Quando a discussão de uma possibilidade se concentra no *que é verdade*, a pessoa mais cética sobre essa possibilidade a ataca vigorosamente, na esperança de tirá-la da disputa.

Aquele que a formulou a defende, derrubando argumentos para proteger sua viabilidade. Os ânimos se exaltam, as declarações se tornam mais extremas e as relações ficam tensas. Enquanto isso, pouco da lógica de qualquer um dos oponentes é revelada ao outro.

Se, em vez disso, o diálogo for sobre *o que deveria ser verdade*, então o cético pode dizer: "Para confiar nessa possibilidade, eu teria que saber que os consumidores abraçarão esse tipo de oferta." Essa declaração é muito diferente de dizer: "Isso nunca vai funcionar!" Ela ajuda o proponente a entender as reservas do cético e a gerar as provas para derrubar o argumento. Também faz com que o cético especifique a origem exata do ceticismo, em vez de apenas declarar sua desaprovação geral.

Ajudei a desenvolver um processo para fazer emergir as condições que precisam ser verdadeiras para que uma possibilidade seja uma estratégia atraente (veja o quadro "Avalie a Validade de uma Opção Estratégica"). As condições se enquadram em sete categorias relacionadas ao setor, valor do cliente, modelo de negócios e concorrentes. Os gestores devem começar explicando claramente a possibilidade estratégica em análise antes de passar para uma discussão de dois estágios.

Gere uma lista

O objetivo aqui é enumerar todas as condições que precisam ser verdadeiras para que todos possam dizer com sinceridade: "Eu me sinto confiante o suficiente para tornar essa possibilidade uma realidade." As condições devem ser expressas como declarações assertivas em vez de condicionais — tal como "Os parceiros do canal nos apoiarão", e não "Os parceiros do canal teriam que nos apoiar". Isso ajuda a formar uma imagem positiva da possibilidade, que será convidativa ao grupo se as condições de fato ocorrerem.

Você deve se certificar de que o indivíduo que propôs a possibilidade em análise não domine essa conversa. Qualquer condição apresentada deve ser adicionada à lista. A pessoa que apresenta a condição deve simplesmente explicar por que ela é necessária para gerar confiança; a veracidade da condição não deve ser questionada.

Quando cada membro do grupo tiver tido a chance de adicionar condições à lista, o facilitador deve ler a lista em voz alta e perguntar ao grupo: "Se todas essas condições fossem verdadeiras, você defenderia e apoiaria essa escolha?" Se todos concordarem, é hora de passar para o próximo passo. Se algum membro disser não, pergunte: "Que condição adicional lhe possibilitaria responder sim?" Essa linha de questionamento deve continuar até que todos respondam afirmativamente.

Avalie a Validade de uma Opção Estratégica

Depois de listar todas as suas opções, especifique o que deve ser verdadeiro para que cada uma tenha sucesso. O diagrama fornece um modelo para revelar as condições necessárias; na verdade, você está fazendo engenharia reversa de sua escolha. A aplicação do modelo na P&G para a opção de renomear e reposicionar a Olay é mostrada ao final.

O Modelo

Se quisermos ter sucesso ao escolher esta opção, que condições teríamos que acreditar que existem ou poderiam ser criadas?

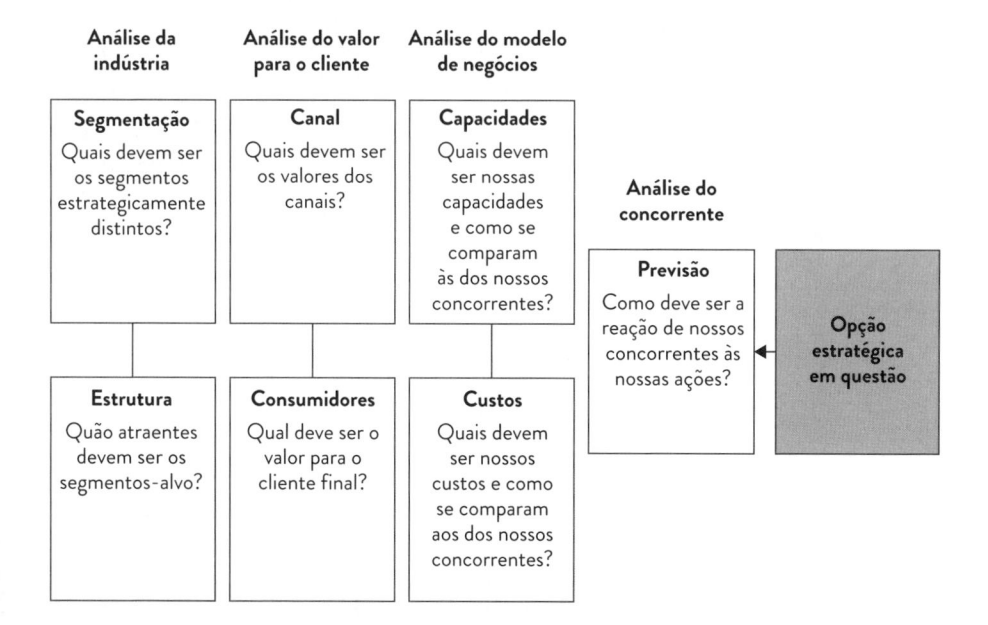

Análise da indústria

- **Segmentação**
  Quais devem ser os segmentos estrategicamente distintos?

- **Estrutura**
  Quão atraentes devem ser os segmentos-alvo?

Análise do valor para o cliente

- **Canal**
  Quais devem ser os valores dos canais?

- **Consumidores**
  Qual deve ser o valor para o cliente final?

Análise do modelo de negócios

- **Capacidades**
  Quais devem ser nossas capacidades e como se comparam às dos nossos concorrentes?

- **Custos**
  Quais devem ser nossos custos e como se comparam aos dos nossos concorrentes?

Análise do concorrente

- **Previsão**
  Como deve ser a reação de nossos concorrentes às nossas ações?

Opção estratégica em questão

A Opção *Masstige* da Olay

A opção em consideração era reposicionar a Olay para um grupo demográfico mais jovem, com a promessa de "combater os sete sinais de envelhecimento". Isso envolveria a parceria com varejistas para criar um segmento *masstige* — consumidores dispostos a comprar um produto de prestígio em canais de massa. A P&G determinou que, para a opção ser bem-sucedida, essas condições teriam que existir ou ser criadas.

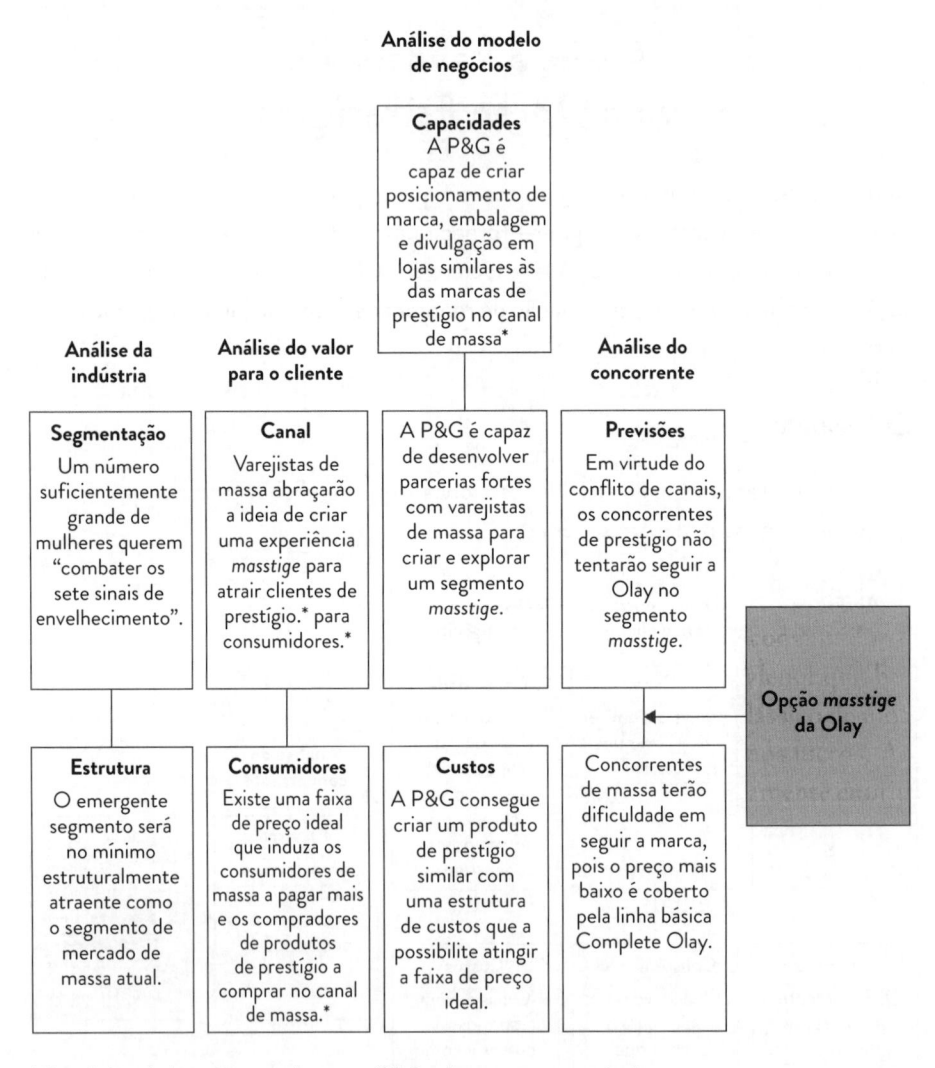

Análise do modelo de negócios

Capacidades
A P&G é capaz de criar posicionamento de marca, embalagem e divulgação em lojas similares às das marcas de prestígio no canal de massa*

Análise da indústria

Análise do valor para o cliente

Análise do concorrente

Segmentação
Um número suficientemente grande de mulheres querem "combater os sete sinais de envelhecimento".

Canal
Varejistas de massa abraçarão a ideia de criar uma experiência *masstige* para atrair clientes de prestígio.* para consumidores.*

A P&G é capaz de desenvolver parcerias fortes com varejistas de massa para criar e explorar um segmento *masstige*.

Previsões
Em virtude do conflito de canais, os concorrentes de prestígio não tentarão seguir a Olay no segmento *masstige*.

Estrutura
O emergente segmento será no mínimo estruturalmente atraente como o segmento de mercado de massa atual.

Consumidores
Existe uma faixa de preço ideal que induza os consumidores de massa a pagar mais e os compradores de produtos de prestígio a comprar no canal de massa.*

Custos
A P&G consegue criar um produto de prestígio similar com uma estrutura de custos que a possibilite atingir a faixa de preço ideal.

Concorrentes de massa terão dificuldade em seguir a marca, pois o preço mais baixo é coberto pela linha básica Complete Olay.

← Opção *masstige* da Olay

* Condições de barreira: aquelas que a P&G achava menos prováveis.

Reitero: durante esta etapa, expressar opiniões sobre a veracidade das condições deve ser estritamente proibido. O ponto é simplesmente descobrir *o que deveria ser verdade* para cada membro do grupo se sentir cognitiva e emocionalmente comprometido com cada possibilidade em consideração.

É importante tratar a estratégia atual dessa maneira também. Lembro-me de uma discussão há alguns anos sobre a opção do status quo. Perto do fim, o presidente da empresa saltou de seu assento e saiu correndo da sala. Quando voltou, dez minutos depois, seus colegas perguntaram se ele estava bem. Ele explicou que a discussão o fez ver a fragilidade do status quo. A razão pela qual saiu correndo da sala foi cancelar uma iniciativa multimilionária em apoio ao status quo — o prazo para decisão era naquele mesmo dia.

Apare a lista

O exercício anterior normalmente gera uma lista excessiva de possibilidades que cruzam a linha entre aquelas que "devemos ter" e as que "são boas de ter". Depois de terminar a lista de condições, o grupo deve fazer uma pausa e, em seguida, rever os itens, perguntando: "Se todas as condições, exceto esta, fossem verdadeiras, você eliminaria a possibilidade ou ainda a veria como viável?" Se a resposta for a primeira, a condição é imprescindível e deve ser mantida. Se for a última, ela é uma possibilidade apenas "boa de ter" e deve ser removida.

O objetivo aqui é garantir que a lista de condições seja verdadeiramente um conjunto coeso. Para este fim, terminada a revisão dos itens, você deve perguntar: "Se todas essas condições fossem verdadeiras, você defenderia e apoiaria essa escolha?" Se algum membro disser não, o grupo precisa retornar à discussão do primeiro estágio e adicionar as condições necessárias que foram inicialmente negligenciadas ou removidas por engano.

Depois de chegar a um conjunto completo de possibilidades e garantir que todas as condições essenciais sejam anexadas a cada uma, o grupo precisa levar suas opções aos executivos cuja aprovação será necessária para ratificar a escolha final e a quaisquer outros colegas que possam ser um obstáculo. Para cada possibilidade, o grupo precisa fazer a essas pessoas as mesmas perguntas que fez aos seus membros: "Se essas condições se mostrassem verdadeiras, você escolheria essa possibilidade? Se não, quais condições adicionais você incluiria?" O objetivo é garantir que as condições para cada possibilidade sejam bem especificadas aos olhos de todos com poder de opinar sobre a escolha — *antes* que a análise ocorra.

Etapa 4: Identifique as Barreiras para a Escolha

Agora é hora de lançar um olhar crítico sobre as condições. A tarefa é avaliar quais você acha menos prováveis de ser verdadeiras. Elas definirão as barreiras para a escolha dessa possibilidade.

Comece pedindo aos membros do grupo que imaginem que pudessem comprar uma garantia de que qualquer das condições específicas será verdadeira. Para que condição adquiririam essa garantia? A condição escolhida é, por inferência, a maior barreira para a escolha da possibilidade em análise. A segunda condição para a qual eles adquiririam uma garantia é a segunda maior barreira, e assim por diante. O resultado ideal é uma lista ordenada de barreiras para cada possibilidade, sendo que duas ou três delas são as mais preocupantes para o grupo. Se houver discordância sobre a ordem de determinadas condições, você deve classificá-las como iguais.

Preste muita atenção ao membro mais cético em relação à veracidade de uma determinada condição; essa pessoa representa o maior obstáculo — e, no caso de uma possibilidade problemática, ela será um obstáculo extremamente valioso — para a seleção e implementação da opção. A equipe deve ser encorajada a manifestar, e não a reprimir, suas preocupações. Mesmo que apenas uma pessoa esteja preocupada com uma determinada condição, ela deve ser mantida na lista. Caso contrário, essa pessoa teria direito de rejeitar a análise final. Se o ceticismo de cada membro for levado a sério, todos se sentirão confiantes no processo e nos resultados.

Quando a equipe de cuidados de beleza da P&G analisou as nove condições que havia criado para a possibilidade *masstige* da Olay, os membros se sentiram confiantes de que seis delas seriam válidas: o segmento de consumidores em potencial era grande o suficiente para valer a pena; o segmento era pelo menos tão atraente estruturalmente quanto o atual segmento de cuidados com a pele do mercado de massa; a P&G poderia produzir o produto a um custo que possibilitaria um preço um pouco menor do que os dos principais *players* de prestígio; era capaz de construir parcerias com varejistas (se os varejistas gostassem da ideia); os concorrentes de prestígio não imitariam a estratégia; e os concorrentes de massa não conseguiriam copiar a estratégia. No entanto, três condições preocuparam a equipe, em ordem decrescente: que os consumidores de canais de massa aceitassem um novo preço inicial significativamente mais alto; que os *players* de canais de massa estivessem dispostos a criar um novo segmento *masstige*; e que a P&G conseguisse reunir posicionamento de marca, embalagens de produtos e elementos de promoção em loja semelhantes às marcas de prestígio em um canal de varejo de massa.

Etapa 5: Crie Testes para as Condições de Barreira

Depois de identificar e ordenar as principais condições de barreira, o grupo deve testar a veracidade de cada uma delas. O teste pode envolver uma pesquisa com mil clientes ou uma conversa com um único fornecedor. Pode envolver o processamento de milhares de números ou deixar de lado qualquer quantificador. O único requisito é que todo o grupo acredite que o teste é válido e pode servir de base para rejeitar ou gerar comprometimento com a possibilidade em questão.

O membro mais cético sobre uma determinada condição deve assumir a liderança na concepção e na aplicação do teste daquela condição. Essa pessoa normalmente terá o mais alto padrão de prova; se ela estiver convencida de que a condição passou no teste, todos os outros ficarão satisfeitos. O risco, é claro, é que o cético estabeleça um padrão inatingível. Na prática, isso não acontece, por duas razões.

Primeira, as pessoas demonstram ceticismo extremo em grande parte porque não se sentem ouvidas. Em um típico processo de adesão, as preocupações são tratadas como obstáculos a serem abandonados o mais rápido possível. A abordagem baseada em possibilidades garante que os indivíduos que demonstrem preocupações se sintam e sejam de fato ouvidos. A segunda razão é o espectro da destruição mutuamente assegurada. Embora eu possa ter sérias dúvidas sobre a possibilidade A, gosto bastante da possibilidade B. Você, por outro lado, tem poucas dúvidas sobre a possibilidade A, mas tem sérias dúvidas em escolher a possibilidade B. Então eu defino os testes para as condições de barreira para a possibilidade A, mas faço isso com o conhecimento de que você definirá os testes para a possibilidade B. Se eu definir um parâmetro muito alto, você certamente fará o mesmo. Ser justo e sensato é, então, a abordagem mais inteligente.

Etapa 6: Realize os Testes

Normalmente, aconselho estruturar essa etapa de acordo com o que chamo de "abordagem da pessoa preguiçosa à escolha", testando as condições na ordem inversa da confiança do grupo. Ou seja, a condição que o grupo acha menos provável de se mostrar verdadeira é testada primeiro. Se a suspeita do grupo estiver correta, a possibilidade em questão pode ser eliminada sem mais testes. Se essa condição passar no teste, a próxima da lista com menor probabilidade de confirmação é testada e assim por diante. Como o teste é muitas vezes a parte mais dispendiosa e demorada do processo, a abordagem da pessoa preguiçosa pode economizar enormes recursos.

Geralmente, nesta etapa, você agrega pessoas de fora da equipe de estratégia — consultores ou especialistas em unidades funcionais ou geográficas relevantes que podem ajudar a ajustar e realizar os testes que você priorizou. É importante garantir que eles se concentrem apenas nos testes. Você não está pedindo que eles reexaminem as condições. Na verdade, uma das vantagens da abordagem baseada em possibilidades é que ela abarca recursos externos que, de outra forma, seriam caros e demorados.

Essa abordagem difere profundamente do processo seguido pela maioria dos consultores de estratégia, que conduzem um conjunto relativamente padrão de análises em paralelo. Isso gera várias análises (caras), muitas das quais não são essenciais ou mesmo úteis na tomada de decisão. Além disso, a profundidade é sacrificada pela amplitude: as análises são amplas, mas superficiais, pois o custo da análise aprofundada seria proibitivo. Para gerar escolha e compromisso, os gestores precisam de uma análise breve e aprofundada, visando às preocupações que poderiam impedir o grupo de escolher uma opção e explorando essas áreas com profundidade suficiente para atender ao padrão de prova do grupo. A abordagem baseada em possibilidades permite isso.

Para a equipe de cuidados de beleza da P&G, a condição mais desafiadora para a possibilidade *masstige* da Olay estava relacionada aos preços. O teste da condição mostrou a capacidade de uma abordagem verdadeiramente científica e orientada por hipóteses para gerar estratégias inesperadas e bem-sucedidas. Joe Listro, gerente de P&D da Olay, explica como foi. "Começamos a testar o novo produto Olay em patamares de preço premium de US$12,99 a US$18,99 e obtivemos resultados muito diferentes", diz ele. "Por US$12,99, houve uma resposta positiva e uma taxa razoavelmente boa de intenção de compra. Mas a maioria dos que sinalizaram um desejo de comprar por US$12,99 eram compradores de massa. Pouquíssimos compradores de lojas de departamento estavam interessados nesse preço. Basicamente, estávamos trocando pessoas dentro do canal. Por US$15,99, a intenção de compra caiu drasticamente. Por US$18,99, ela voltou a subir. Então, US$12,99 foi muito bom, US$15,99 não tão bom e US$18,99, ótimo."

A equipe descobriu que, por US$18,99, os consumidores de lojas de departamento e lojas especializadas de prestígio comprariam Olay em lojas de desconto, drogarias e supermercados. Esse preço enviou exatamente a mensagem certa. Para o comprador de loja de departamento, o produto tinha um ótimo valor, mas ainda era suficientemente caro. Para o comprador de massa, o preço premium indicava que o produto deveria ser consideravelmente melhor do que qualquer outro item na prateleira. Em contraste, US$15,99 era terra de ninguém — para um comprador de massa, era caro sem sinalizar diferenciação; para um comprador de prestígio, não era caro o suficiente. Essas diferenças eram muito sutis; se a equipe não tivesse se concentrado tão cuidadosamente na construção e aplicação de testes robustos para vários patamares de preço, essas descobertas poderiam permanecer desconhecidas.

É importante entender que os testes não conseguem eliminar toda a incerteza. Mesmo a possibilidade de melhor desempenho acarretará algum risco. É por isso que é tão crucial estabelecer condições testáveis para o status quo: a equipe vê claramente que o status quo não está livre de riscos. Em vez de comparar a possibilidade de melhor desempenho com uma inexistente opção sem risco, a equipe pode comparar o risco da opção principal com o risco do status quo e chegar a uma decisão nesse contexto.

Etapa 7: Faça a Escolha

Na elaboração de estratégias tradicional, finalmente escolher uma estratégia pode ser um processo difícil e amargo. Os tomadores de decisão geralmente partem para a reunião exibindo seus fichários com as tão discutidas pesquisas de mercado como opções estratégicas. Com as apostas altas e a lógica para cada opção nunca claramente articulada, tais reuniões muitas vezes acabam se transformando em negociações entre executivos poderosos com fortes vieses. E, uma vez encerradas as discussões, os céticos em relação à decisão começam a miná-la.

Com a abordagem baseada em possibilidades, a etapa de tomada de decisão se torna simples e até óbvia. O grupo precisa apenas revisar os resultados dos testes analíticos e escolher a possibilidade que enfrenta o menor número de barreiras sérias.

Muitas vezes, uma estratégia escolhida dessa maneira é surpreendentemente ousada e provavelmente teria sido descartada no início do processo tradicional. Considere o caso da Olay. A P&G decidiu lançar um produto de luxo chamado Olay Total Effects por US$18,99. Em outras palavras, a marca outrora desprezada como "Oil for Old Ladies" foi transformada em uma linha de produtos de prestígio a um preço próximo ao das marcas de lojas de departamento. E funcionou. Parceiros de varejo de massa adoraram o produto e viram os novos compradores adquirindo produtos a novos patamares de preço em suas lojas. Editores de revistas de beleza e dermatologistas vislumbraram um valor real na linha de produtos eficaz e com bom preço.

A estratégia *masstige* teve sucesso além das expectativas. A P&G teria ficado feliz com uma marca global de cuidados com a pele de bilhões de dólares. Mas, em menos de uma década, a marca Olay ultrapassou US$2,5 bilhões em vendas anuais ao gerar uma série de linhas de produtos "boutique" — primeiro, Total Effects e, em seguida, Regenerist, Definity e Pro-X — que atraíram mais compradores de prestígio e cujo preço chegou a US$50.

Apresentada ordenadamente no papel, a abordagem baseada em possibilidades descrita neste capítulo parece fácil. Mas muitos gestores têm dificuldades em implementá-la — não porque a mecânica seja difícil, mas porque a abordagem requer pelo menos três mudanças fundamentais de mentalidade. Primeiro, na fase inicial, eles devem evitar perguntar "O que devemos fazer?" e, em vez disso, perguntar "O que podemos fazer?" Os gestores, especialmente aqueles que se orgulham de serem decisivos, encaram a primeira questão com naturalidade e se afligem diante da última.

Em segundo lugar, nas etapas intermediárias, os gestores devem deixar de perguntar "Em que eu acredito?" e perguntar "No que eu tenho que acreditar?" Isso requer que um gestor imagine que cada possibilidade, incluindo as que ele não gosta, é uma ótima ideia, e essa mentalidade não é natural para a maioria das pessoas. No entanto, é necessário identificar os testes certos para uma possibilidade.

Por fim, ao atribuir uma equipe para identificar as condições e testes críticos, a abordagem baseada em possibilidades força os gestores a se afastarem da pergunta "Qual é a resposta certa?" e se concentrarem em "Quais são as perguntas certas? O que devemos saber especificamente para tomar uma boa decisão?" Em nossa experiência, a maioria dos gestores é melhor na defesa de seus próprios pontos de vista do que na investigação, especialmente em relação aos pontos de vista alheios. A abordagem baseada em possibilidades depende e promove a capacidade de uma equipe de investigar. E a investigação genuína deve estar no centro de qualquer processo que pretenda ser científico.*

----

* Este capítulo foi adaptado de A.G. Lafley, Roger L. Martin, Jan W. Rivkin e Nicolaj Siggelkow, "Bringing Science to the Art of Strategy", *Harvard Business Review*, setembro-outubro de 2012.

Dados

Criar grandes escolhas requer mais imaginação do que dados.

Subjacente à prática e ao estudo dos negócios está a crença de que as decisões devem ser conduzidas por uma análise rigorosa dos dados. A explosão do big data reforçou essa ideia. Em uma pesquisa recente da EY, 81% dos executivos disseram acreditar que "os dados devem estar no centro de todas as tomadas de decisão", levando a EY a proclamar com entusiasmo que "o big data pode eliminar a dependência da tomada de decisão intuitiva".

Gestores acham essa noção atraente. Muitos têm formação em ciências aplicadas. E quando não, provavelmente, têm um MBA — um título que se originou no início do século XX, com a introdução da "gestão científica" por Frederick Winslow Taylor.

Os programas de MBA agora inundam o mundo dos negócios com novos graduados — mais de 150 mil por ano apenas nos Estados Unidos. Esses programas têm tentado transformar a administração em uma ciência "dura" ao longo da maior parte das últimas seis décadas. Em grande medida, esse esforço começou em resposta a relatórios contundentes sobre o estado da educação empresarial nos Estados Unidos emitidos pelas Fundações Ford e Carnegie em 1959. Na visão dos redatores desses relatórios — todos economistas —, os programas de negócios estavam repletos de estudantes subqualificados cujos professores resistiam ao rigor metodológico das ciências "duras", já adotado por outras ciências sociais tal como a economia. Em suma, a educação empresarial não era científica o suficiente. Foi em parte para remediar essa deficiência que a Fundação Ford apoiou a criação de revistas acadêmicas e financiou o desenvolvimento de programas de doutorado na Harvard Business School, no Carnegie Institute of Technology (antecessor da Carnegie Mellon), na Universidade Columbia e na Universidade de Chicago.

Mas será que o pêndulo foi longe demais nessa direção? As decisões de gestão podem realmente ser reduzidas a um exercício de análise de dados? Não acredito que seja possível, e isso me leva a uma verdade importante sobre os dados: *criar grandes escolhas requer mais imaginação do que dados*. Para entender o que isso significa e por que é verdade, vamos analisar onde — ou melhor, com quem — a ciência começou.

Negócios são uma ciência?

O que consideramos ciência começou com Aristóteles, que como discípulo de Platão foi o primeiro a escrever sobre causa e efeito e a metodologia para demonstrá-los. Isso fez da "demonstração", ou prova, o objetivo da ciência e o critério final para a "verdade". Assim, Aristóteles foi o criador da abordagem da exploração científica, que Galileu, Bacon, Descartes e Newton formalizariam como "o método científico" 2 mil anos depois.

O impacto da ciência na sociedade é imensurável. As descobertas científicas do Iluminismo — profundamente enraizadas na metodologia aristotélica — levaram à Revolução Industrial e ao progresso econômico global que se seguiu. A ciência resolveu problemas e fez do mundo um lugar melhor. Não é de admirar que passamos a considerar grandes cientistas, como Einstein, os santos da atualidade. E ainda menos surpresa é enxergarmos o método científico como um modelo para outras formas de investigação e falarmos de "ciências sociais", em vez de "estudos sociais".

Mas Aristóteles poderia questionar se permitimos que a aplicação do método científico fosse longe demais. Ao definir sua abordagem, ele estabeleceu limites claros em torno de seu uso, que era entender os fenômenos naturais que "não podem ser diferentes do que são". Por que o Sol nasce todos os dias, por que os eclipses lunares acontecem quando acontecem, por que os objetos sempre caem no chão? Essas coisas estão além do controle de qualquer ser humano, e a ciência é o estudo do que as faz ocorrer.

No entanto, Aristóteles nunca afirmou que todos os eventos eram inevitáveis. Pelo contrário, ele acreditava no livre-arbítrio e no poder do arbítrio humano para fazer escolhas que podem mudar radicalmente o futuro. Em outras palavras, há muitos aspectos no mundo que podemos escolher fazer diferente. "A maioria das questões envolvidas nas tomadas de decisão, e sobre as quais nos questionamos, nos apresenta possibilidades alternativas. Todas as nossas ações têm um caráter contingente; quase nenhuma delas é determinada pela necessidade", escreveu ele. Aristóteles acreditava que esse reino de possibilidades não era impulsionado pela análise científica, mas pela invenção e pela persuasão humanas.

Isso é especialmente verdadeiro quando se trata de decisões sobre estratégia de negócios e inovação. Você não pode traçar um curso para o futuro ou implementar mudanças apenas analisando a história. O comportamento dos clientes nunca será transformado por um produto cujo design é baseado em uma análise de seu comportamento passado.

No entanto, transformar os hábitos e as experiências dos clientes é o que as grandes inovações de negócios fazem. Steve Jobs, Steve Wozniak e outros pioneiros da computação criaram um novo dispositivo que revolucionou a forma como as pessoas interagiam e faziam negócios. A ferrovia, o automóvel e o telefone introduziram enormes mudanças comportamentais e sociais que uma análise de dados anteriores não poderia ter previsto. Na verdade, os inovadores muitas vezes incorporam descobertas científicas em suas criações, mas sua verdadeira genialidade reside na capacidade de imaginar produtos ou processos que simplesmente nunca existiram.

O mundo real não é apenas um resultado determinado por leis implacáveis da ciência; agir como se fosse nega a possibilidade de inovação genuína. Uma abordagem puramente científica para a tomada de decisão empresarial tem sérias limitações, e os gestores precisam descobrir onde elas estão.

Pode ou Não Pode Mudar?

A maioria das situações envolve elementos que você pode e não pode mudar. A habilidade crítica é detectar a diferença. A pergunta que você precisa fazer é esta: a situação é dominada pela possibilidade (isto é, coisas que podemos alterar para melhor) ou pela necessidade (elementos que não podemos mudar)?

Suponha que você planeje construir uma linha de engarrafamento para água mineral. A maneira padrão é utilizar "moldes" (grossos tubos de plástico em miniatura), aquecê-los, usar a pressão do ar para moldá-los até o tamanho total da garrafa, resfriá-los até que fiquem rígidos e, finalmente, enchê-los de água. Milhares de linhas de engarrafamento em todo o mundo são configuradas dessa maneira.

Parte desse processo não pode ser diferente do que é: a que temperatura o molde deve ser aquecido para inflar; a quantidade de pressão de ar necessária para moldar a garrafa; o tempo de resfriamento da garrafa; a velocidade com que a água enche a garrafa. Esses fatores são determinados pelas leis da termodinâmica e da gravidade — sobre as quais os gestores não têm qualquer controle.

Ainda assim, há muita coisa que pode ser mudada. Embora as leis da ciência governem cada passo, os passos em si não precisam seguir a sequência que domina o processo de engarrafamento há décadas. Uma empresa chamada LiquiForm demonstrou isso depois de questionar: por que não podemos combinar dois passos em um, moldando o frasco com a pressão do próprio líquido com o qual encheremos a garrafa, em vez de usarmos ar? E essa ideia acabou por ser totalmente factível.

Os gestores precisam desconstruir as situações de tomada de decisão em partes que *podem* e *não podem* mudar e, em seguida, testar sua lógica. Se a hipótese inicial é que um elemento não pode ser alterado, o gestor precisa questionar quais leis da natureza sugerem isso. Se a justificativa de *não poder* mudar for convincente, então a melhor abordagem é aplicar uma metodologia que otimize o status quo. Nesse caso, deixe a ciência ser o guia e use suas ferramentas de dados e análises para conduzir as escolhas.

Da mesma forma, os gestores precisam testar a lógica por trás da classificação de elementos como algo que *pode* mudar. O que sugere que comportamentos ou resultados podem ser diferentes? Se a lógica for sólida o suficiente, deixe o design e a imaginação serem o guia e use a análise a serviço deles.

É importante perceber que a presença de dados não é prova suficiente de que os resultados não podem ser diferentes. Dados não são lógicos. Na verdade, muitas das ações mais lucrativas vêm de contrariar as evidências. Jørgen Vig Knudstorp, presidente do Grupo Lego Brand, oferece um exemplo. Em 2008, quando ele era o CEO da empresa, os dados sugeriam que as meninas tinham muito menos interesse em blocos de montar do que os meninos: 85% dos consumidores de Lego eram meninos e todas as tentativas de atrair mais meninas haviam fracassado. Muitos dos gestores, portanto, acreditavam que as meninas eram inerentemente menos propensas a brincar com blocos de montar — encaravam a questão como algo que *não podiam* mudar. Mas Knudstorp não. *O problema*, ele pensou, *era que a Lego ainda não havia descoberto como inspirar as meninas a brincar com blocos de montar.* Seu palpite foi confirmado com o lançamento da bem-sucedida linha Lego Friends em 2012.

O caso Lego ilustra que os dados são apenas evidências, mas nem sempre é óbvio de quê. Além disso, a ausência de dados não elimina a possibilidade. Se você está lidando com novos resultados e comportamentos, então, naturalmente, não há evidências anteriores. Um pensador verdadeiramente rigoroso, portanto, considera não apenas o que os dados sugerem, mas também toda uma gama do que é possível. E isso requer um exercício da imaginação — um processo muito diferente da análise.

Além disso, a divisão entre o que *pode* e *não pode* mudar é mais fluida do que a maioria das pessoas pensa. Os inovadores ultrapassam esse limite mais do que a média, desafiando o que é considerado algo que *não pode* mudar.

Desenquadramento

A imaginação de novas possibilidades primeiro requer um ato de desenquadramento. O status quo muitas vezes parece ser a única maneira que as coisas podem ser, uma percepção difícil de se livrar.

Recentemente, me deparei com um bom exemplo da armadilha do status quo enquanto prestava assessoria para uma empresa de consultoria que tem como clientes organizações sem fins lucrativos. Esses clientes enfrentam um "ciclo de escassez", no qual recebem generosos financiamentos para os custos diretos de programas específicos, mas têm dificuldade para obter apoio para seus custos indiretos. Uma grande fundação privada, por exemplo, pode financiar a expansão do bem-sucedido programa de educação de meninas latino-americanas para a África subsaariana, mas financiar apenas uma pequena fração da despesa operacional associada e do custo de desenvolvimento do programa. Isso ocorre porque os doadores costumam definir níveis baixos e arbitrários para custos indiretos, geralmente permitindo que apenas 10% a 15% das doações sejam direcionadas a eles, mesmo que os verdadeiros custos indiretos representem 40% a 60% do custo total para a maioria dos programas.

A empresa de consultoria aceitava esse enquadramento do problema e acreditava que o desafio estratégico era descobrir como persuadir os doadores a aumentar o percentual alocado aos custos indiretos. Partiu-se do fato de que os doadores consideravam os custos indiretos um mal necessário que desvia recursos dos beneficiários finais.

Consegui que os parceiros da empresa testassem essa crença ouvindo as declarações dos doadores sobre esses custos, em vez de apresentar aos doadores argumentos sobre a necessidade de aumentar as taxas de reembolso dos custos. O que os parceiros ouviram os surpreendeu. Longe de serem cegos para o ciclo de escassez, os doadores o odiavam e entendiam o próprio papel em causá-lo. O problema era que eles não confiavam nos beneficiários para gerenciar custos indiretos. Uma vez que se libertaram de sua falsa crença, os parceiros logo criaram uma ampla gama de soluções orientadas a processos para ajudar as organizações sem fins lucrativos a desenvolver sua competência no gerenciamento de custos de modo a conquistar a confiança dos doadores.

Embora ouvir e ter empatia com os stakeholders possa não parecer tão rigoroso ou sistemático quanto analisar dados de uma pesquisa formal, na verdade é um método comprovado de obter insights, já bastante familiar para antropólogos, etnógrafos, sociólogos, psicólogos e outros cientistas sociais. Muitos líderes empresariais — especialmente aqueles que aplicam o design thinking e outras abordagens à inovação centradas no usuário — reconhecem a importância da pesquisa qualitativa e observacional na compreensão do comportamento humano. Na Lego, por exemplo, o questionamento inicial de Knudstorp sobre as suposições de gênero desencadeou quatro anos de estudos etnográficos que levaram à descoberta de que as meninas estão mais interessadas em brincadeiras colaborativas do que os meninos, o que sugeriu que um brinquedo de montagem colaborativa poderia atraí-las.

Embora seja uma ferramenta poderosa, a pesquisa etnográfica é apenas o ponto de partida para um novo enquadramento. Em última análise, você tem que traçar uma possibilidade e recrutar apoio das pessoas para essa visão. Para fazer isso, é preciso criar uma nova narrativa que substitua o antigo enquadramento que acaba por impor limitações. E o processo de criação de histórias tem princípios totalmente diferentes dos princípios da ciência natural. A ciência natural explica o mundo como ele é, mas uma história pode descrever um mundo que ainda não existe.

Construindo Narrativas Persuasivas

Pode parecer improvável, mas Aristóteles, o mesmo filósofo que nos proporcionou o método científico, também estabeleceu métodos para criar narrativas convincentes. Em *A Arte Retórica*, ele descreve um sistema de persuasão que tem três direcionadores:

- **Ethos**: a vontade e a personalidade para mudar a situação atual. Para ser eficaz, o autor da narrativa deve possuir credibilidade e autenticidade.
- **Logos**: a estrutura lógica do argumento. Deve fornecer uma argumentação rigorosa para transformar problemas em possibilidades, possibilidades em ideias e ideias em ação.
- **Pathos**: a capacidade de empatia. Para ser capaz de inspirar o movimento em larga escala, o autor deve entender o público.

Uma fusão multibilionária de duas grandes companhias de seguros oferece um exemplo de como usar ethos, logos e pathos. As duas empresas eram concorrentes de longa data. Havia vencedores e perdedores no negócio, e os funcionários em todos os níveis estavam nervosos e inquietos. Para complicar as coisas, ambas as empresas cresceram por meio de aquisições, então, na verdade, era uma fusão de vinte ou trinta culturas diferentes. Esses grupos menores que carregavam essas heranças eram independentes e resistiram aos esforços de integração para capturar sinergia. Além disso, a crise financeira global ocorreu logo após a fusão, encolhendo o setor em 8%. Assim, os líderes da nova empresa enfrentavam um duplo desafio: um mercado em declínio e uma cultura organizacional cética.

A abordagem normal para a integração pós-fusão é racional e reducionista: analisar as estruturas de custos atuais das duas organizações e combiná-las em uma estrutura menor — com as demissões de funcionários "redundantes". No entanto, a liderança da nova empresa não queria seguir o processo usual. Em vez disso, pretendia construir uma nova organização a partir do zero. Ela forneceu o ethos articulando o objetivo de realizar algo maior e melhor do que uma integração de fusão padrão.

No entanto, a liderança precisava do logos — uma argumentação convincente e poderosa para um futuro diferente. E o construiu em torno da metáfora de uma cidade próspera. Assim como uma cidade, a nova organização seria um ecossistema diversificado que cresceria tanto de maneira planejada quanto não planejada. Todos fariam parte desse crescimento e contribuiriam para a cidade. A lógica de uma cidade próspera capturou a imaginação dos funcionários o suficiente para que eles se engajassem na tarefa e imaginassem possibilidades para si e sua parte da organização.

O esforço também exigiu o pathos — criar uma conexão emocional que levaria os funcionários ao comprometimento de construir esse novo futuro juntos. Para engajá-los, a liderança adotou uma nova abordagem à comunicação. Normalmente, os executivos comunicam planos de integração pós-fusão em convenções, reuniões de apresentação e por meio de e-mails nos quais os funcionários são meros destinatários da mensagem. Dessa vez, a liderança criou uma série de sessões colaborativas nas quais as unidades da empresa conversavam sobre a metáfora da cidade próspera e a utilizavam para explorar desafios e projetar o trabalho em sua esfera de atividade. Como o departamento de sinistros seria diferente na cidade próspera? Como seria o financeiro? Assim, os funcionários estavam criando suas próprias micronarrativas dentro da narrativa maior que os líderes haviam construído. Essa abordagem exigiu coragem, pois era muito incomum e lúdica para uma organização tão grande em um setor conservador.

A abordagem foi um sucesso retumbante. Em seis meses, a pontuação de engajamento dos funcionários aumentou de 48% para 90%. Isso se traduziu em desempenho: enquanto o setor encolheu, os negócios da empresa cresceram 8% e sua pontuação de satisfação do cliente aumentou de uma média de 6 para 9 (em uma escala de 1 a 10).

Esse caso ilustra a importância de outra ferramenta retórica: uma forte metáfora que capte o arco de sua narrativa em uma frase. Uma metáfora bem elaborada reforça todos os três elementos da persuasão. Torna o logos, o argumento lógico, mais convincente e fortalece o pathos, ajudando o público a se conectar ao argumento. E, por fim, um argumento mais convincente e envolvente aumenta a autoridade moral e a credibilidade da liderança, ou seja, o ethos.

Escolhendo a Metáfora Certa

Todos nós sabemos que boas histórias são ancoradas por metáforas poderosas. O próprio Aristóteles observou: "Palavras comuns transmitem apenas o que já sabemos; é a partir da metáfora que podemos compreender melhor algo novo." Na verdade, ele acreditava que o domínio da metáfora era a chave para o sucesso retórico: "Ser um mestre da metáfora é, de longe, o mais importante. É... um sinal de genialidade", escreveu ele.

Talvez seja irônico que essa proposição sobre uma construção não científica tenha sido cientificamente confirmada. A pesquisa em ciência cognitiva demonstrou que o instrumento central da síntese criativa é a "fluência associativa" — a capacidade mental de conectar dois conceitos que geralmente não estão ligados e forjá-los em uma nova ideia. Quanto mais diversos os conceitos, mais poderosa a associação criativa e mais inovadora a ideia.

Com uma nova metáfora, você compara dois elementos que geralmente não estão conectados. Por exemplo, quando Hamlet diz a Rosencrantz: "A Dinamarca é uma prisão", ele está associando dois elementos de uma maneira incomum. Rosencrantz sabe o que significa "Dinamarca" e sabe o que é "prisão". No entanto, Hamlet apresenta um novo conceito que não é nem a Dinamarca nem as prisões que Rosencrantz conhece. Esse terceiro elemento é a ideia nova ou síntese criativa produzida pela combinação incomum.

Quando as pessoas conectam conceitos não relacionados, o resultado muitas vezes é a inovação de produtos. Samuel Colt desenvolveu o tambor giratório para sua famosa pistola após trabalhar em um navio quando jovem e ficar fascinado pelo timão e pela maneira como poderia girar ou ser travado por meio de uma alavanca. Um engenheiro suíço se inspirou para criar um modelo de velcro após caminhar nas montanhas e perceber as extraordinárias propriedades adesivas dos carrapichos que grudavam em sua roupa.

A metáfora também auxilia a adoção de uma inovação, ajudando os consumidores a entender e a se identificar com ela. O automóvel, por exemplo, foi inicialmente descrito como "uma carruagem sem cavalos", a motocicleta como "uma bicicleta com motor". O snowboard era simplesmente "um skate para a neve". O primeiro passo na evolução que tornou o smartphone um dispositivo onipresente e essencial foi o lançamento do BlackBerry 850, da Research in Motion, em 1999. Foi vendido como um pager que também podia receber e enviar e-mails — uma metáfora reconfortante para os usuários iniciais.

Basta examinar o fracasso do Segway para perceber como é muito mais difícil elaborar uma narrativa convincente sem uma boa metáfora. A máquina, desenvolvida pelo inventor superstar Dean Kamen e anunciada como a próxima grande inovação, foi financiada por centenas de milhões em capital de risco. Embora seja uma aplicação brilhante de tecnologia avançada, quase ninguém a usa.

Podemos elaborar diversas justificativas para esse fracasso — alto preço, restrições regulatórias —, mas eu argumentaria que a razão principal é que o Segway não tem análogos. É uma pequena plataforma com rodas na qual o condutor permanece de pé e praticamente imóvel enquanto se desloca. As pessoas não conseguiam se identificar com ela. Você não se senta, como faz em um carro, nem pedala, como faz em uma bicicleta, nem dirige com um guidão, como faz em uma motocicleta. Pense na última vez que você viu um Segway em uso. Provavelmente pensou que o condutor parecia um tanto ridículo em cima da engenhoca. Nossa mente não se conecta com o Segway, pois não há nenhuma experiência positiva com a qual compará-lo. Isso não significa que é impossível elaborar um argumento aristotélico sem uma metáfora; mas é muito mais difícil. Uma carruagem sem cavalos é mais fácil de vender do que o Segway.

Fazendo Sua Escolha

Quando estamos enfrentando decisões no campo das possibilidades, é útil criar três ou quatro narrativas convincentes, cada uma com uma metáfora forte, e depois colocá-las em um processo de teste que nos ajude a chegar a um consenso sobre qual a melhor. Como?

No mundo do *não pode* mudar, o teste envolve acessar e analisar cuidadosamente os dados. Às vezes, requer apenas encontrá-los — em uma tabela de um banco de dados estatísticos sobre trabalho, por exemplo. Outras vezes, significa se envolver em um esforço para descobri-los — tal como realizar uma pesquisa. Você também pode ter que aplicar testes estatísticos aceitos para determinar se os dados coletados demonstram que a proposição — digamos, que os consumidores preferem maior vida útil a maior funcionalidade do produto — é verdadeira ou falsa.

Mas no mundo do *pode* mudar, no qual estamos tentando trazer algo à existência, não há dados para analisar, o que significa que é preciso criar dados por meio de experimentos com protótipos. Dessa forma, você oferece aos usuários algo que nunca viram e então observa e registra suas reações. Se os usuários não reagirem como você esperava, busque insights sobre como o protótipo poderia ser melhorado. E então repita o processo até que o protótipo gere dados que demonstrem sua eficácia.

Claro, algumas ideias prototipadas são simplesmente ruins. Por isso, é importante promover múltiplas narrativas. Se você desenvolver uma visão clara do que deveria ser verdade para cada uma e realizar testes de prototipagem para todas elas, surgirá um consenso sobre qual narrativa é mais atraente em ação. E o envolvimento no processo ajudará a equipe a se preparar para assumir a responsabilidade de colocar a narrativa escolhida em prática.

• ◎ •

O fato de a análise científica de dados ter tornado o mundo um lugar melhor não significa que ela deve conduzir todas as decisões de negócios. Quando enfrentamos um contexto em que as coisas não podem ser diferentes do que são, podemos e devemos usar o método científico para entender esse mundo imutável de modo mais rápido e completo do que qualquer concorrente.

Nesse contexto, o desenvolvimento de análises de dados mais sofisticadas e o entusiasmo pelo big data são recursos genuínos.

Mas, quando usamos a ciência em contextos em que as coisas podem ser diferentes do que são, inadvertidamente nos convencemos de que a mudança não é possível. E isso deixará as portas abertas para outras pessoas inventarem algo melhor — e assistiremos incrédulos, presumindo que é uma anomalia que acabará por desaparecer. Somente quando for tarde demais perceberemos que o insurgente demonstrou aos nossos antigos clientes que algo de fato poderia mudar. Esse é o preço de aplicar a análise a todo o mundo dos negócios, e não apenas à parte apropriada.*

---

* Este capítulo foi adaptado de Roger L. Martin e Tony Golsby-Smith, "Management Is Much More Than a Science", *Harvard Business Review*, setembro-outubro de 2017.

PARTE 3

Estrutura de Trabalho

Cultura

Você só pode mudar a cultura alterando a forma como os indivíduos trabalham uns com os outros.

O papel e a importância da cultura de uma organização são mais bem capturados por uma combinação de dois dos maiores estudiosos de administração do mundo. Peter Drucker opinou que "a cultura — não importa como é definida — é singularmente persistente". (É uma lenda urbana que ele tenha declarado: "A cultura devora a estratégia no café da manhã.") Edgar Schein, professor do MIT, declarou que "a cultura determina e limita a estratégia". A implicação, é claro, é que qualquer estratégia não baseada na cultura existente em uma organização tenderá ao fracasso — a menos que a cultura possa ser alterada, o que é extremamente desafiador.

Então, o que é cultura — e por que ela é tão persistente e limita a estratégia?

Existem tantas definições de cultura quanto de estratégia, mas penso nela principalmente como um livro de regras que reside na mente dos funcionários e orienta como interpretam situações e decisões. A cultura é o que ajuda um gestor a entender "como as coisas são feitas por aqui", "o que devo fazer nessa situação" e "a quem devo prestar atenção". As regras que compõem a cultura são desenvolvidas pelas observações de cada indivíduo de como as pessoas ao seu redor reagem e explicam situações e decisões, particularmente aquelas que abarcam resultados extremos com impacto significativo para os envolvidos, mesmo que tais decisões ou eventos sejam incomuns.

A força da cultura de uma organização é determinada pela semelhança do livro de regras mental dos funcionários. Uma cultura é fraca ou difusa se o livro de regras varia entre as pessoas — de modo que as interpretações de uma determinada situação ou decisão são heterogêneas. As culturas são poderosas quando todas as pessoas têm um livro de regras bem semelhante e, consequentemente, interpretam e reagem a uma decisão ou situação da mesma maneira.

Quando uma nova estratégia exige uma mudança de comportamentos e valores, uma cultura sólida atrapalha, pois todos os funcionários instintivamente continuarão a ser guiados por seu livro de regras interno ao reagir a decisões e situações. Por exemplo, se uma nova estratégia exigir a personalização do serviço, mas a cultura corporativa exigir a imposição de um serviço padrão sem exceções, o cliente receberá o serviço padrão.

Os CEOs reconhecem que mudar a direção estratégica de qualquer maneira significativa inevitavelmente envolverá alguma mudança de cultura. Mas a maioria de seus esforços fracassa, pois eles não internalizaram adequadamente uma verdade fundamental: *você só pode mudar a cultura alterando a forma como os indivíduos trabalham uns com os outros.*

Nas páginas seguintes, explicarei por que a mudança cultural só pode ser provocada por microintervenções nas formas como estruturamos e nos preparamos para o trabalho presencial, incluindo quem participa e como as conversas são enquadradas. Descreverei como são essas mudanças e mostrarei como elas podem provocar mudanças fundamentais nos padrões de trabalho em conjunto, o que, por sua vez, mudará as regras sobre "como as coisas são feitas por aqui", "o que devo fazer nessa situação" e "a quem ou ao que devo prestar atenção". Vou demonstrar, a partir da experiência pessoal em liderar a mudança de cultura, como modificações pequenas e inócuas podem provocar transformações poderosas na cultura de uma organização.

Vamos começar analisando o papel da cultura em relação aos outros impulsionadores do comportamento organizacional.

Mecanismos Direcionais da Organização

Meu pensamento sobre mudança de cultura está ancorado em um conceito de mecanismos direcionais da organização que discuti pela primeira vez em um artigo da HBR, "Changing the Mind of the Corporation", há quase trinta anos. Três categorias de mecanismos direcionais organizam e canalizam as operações e ações de uma empresa:

- **Formais.** Incluem as estruturas organizacionais, sistemas e processos projetados para ajudar a empresa a atingir seus objetivos. São o resultado de decisões conscientes impostas às pessoas que trabalham na organização, tal como a estrutura de relatórios da empresa, o sistema de remuneração e o processo orçamentário.

- **Interpessoais.** Esses mecanismos moldam e governam as maneiras pelas quais os indivíduos interagem pessoalmente uns com os outros. São um produto da composição psicológica das pessoas e variam muito. Por exemplo, determinado indivíduo prefere discutir conflitos abertamente ou ignorá-los?

- **Culturais.** São as regras, referidas anteriormente, capturadas nos guias mentais compartilhados, por meio dos quais as pessoas interpretam decisões e situações e determinam como responder a elas. Embora toda organização tenha mecanismos culturais, na maioria dos casos eles tomam forma de maneiras não planejadas e normalmente não são documentados.

Como mostra a Figura 6-1, os três conjuntos de mecanismos formam um sistema inter-relacionado. Considere, por exemplo, a estrutura típica de relatórios de funções independentes de vendas e marketing, em que cada uma se reporta a um vice-presidente sênior ou vice-presidente executivo diferente, que por sua vez se reporta separadamente ao CEO ou COO. Essa estrutura geralmente gera conflitos interpessoais (a seta que vai dos formais aos interpessoais) entre a equipe de vendas e a de marketing. A equipe de vendas argumenta que o marketing sonha com ideias impraticáveis, e o marketing afirma que a equipe de vendas só quer produtos fáceis de vender. Se esses conflitos aumentarem, os líderes da organização podem tentar uma correção formal (a seta que vai dos interpessoais aos formais), geralmente combinando as funções em uma única função de marketing e vendas. Assim, mecanismos formais influenciam mecanismos interpessoais, e mecanismos interpessoais influenciam mecanismos formais.

Figura 6-1

Mecanismos Direcionais da Organização

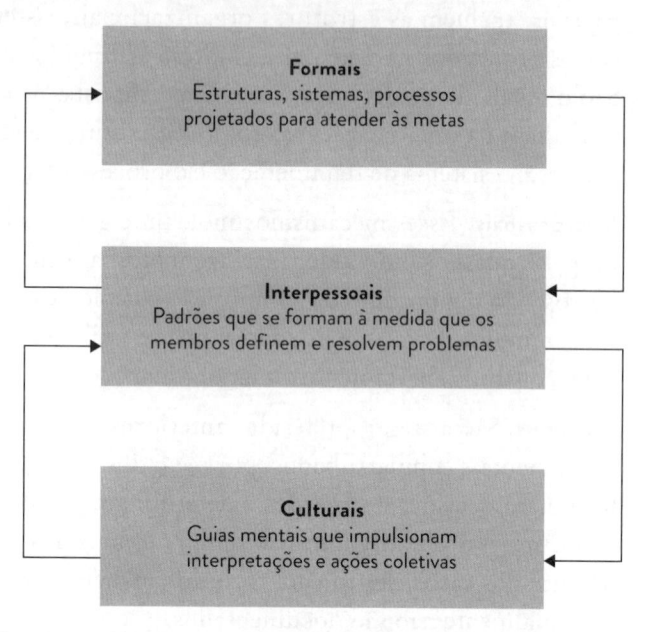

Formais
Estruturas, sistemas, processos projetados para atender às metas

Interpessoais
Padrões que se formam à medida que os membros definem e resolvem problemas

Culturais
Guias mentais que impulsionam interpretações e ações coletivas

Fonte: Atribuo os créditos a Diana Smith, uma colega estudiosa do pensador de gestão e pai da aprendizagem organizacional Chris Argyris, por contribuir para minha compreensão de como os mecanismos direcionais funcionam como um sistema, conforme mostrado nesta figura.

Os conflitos interpessoais entre as equipes de vendas e de marketing também influenciam os mecanismos culturais. Quando um profissional de marketing apresenta uma ideia ao profissional de vendas, ele é recebido por um livro de regras que reage da seguinte forma: "Resista o quanto puder, pois o marketing é sempre irrealista sobre o que podemos de fato vender." E, quando novos vendedores chegam à organização, eles são orientados a ter cuidado com os profissionais de marketing. Isso então retorna ao domínio interpessoal em que as conversas provavelmente serão mais conflituosas ainda, pois a cultura reforça esse comportamento característico. Assim, os mecanismos direcionais funcionam como um sistema com ciclos de feedback entre formais e interpessoais e entre interpessoais e culturais. À medida que o tempo passa e a organização cresce, o feedback constante entre os mecanismos os fortalece, tornando cada vez mais difícil para a organização mudar.

Qualquer tentativa de mudar uma organização, portanto, deve envolver mudanças nesses mecanismos direcionais. Para os CEOs cujas estratégias exigem mudança organizacional, o ponto de partida óbvio é mudar os mecanismos formais — o organograma, os sistemas de incentivo e assim por diante — em parte porque esses são mecanismos que eles podem controlar facilmente, mas também porque uma mudança estratégica de direção pode exigir mudanças em direitos e responsabilidades de decisão. E, como pode ser difícil para os funcionários se ajustarem a novos mecanismos formais, os CEOs reconhecem que as atitudes em relação a esse processo — conforme determinado pela cultura da empresa — também devem mudar para se alinhar aos novos mecanismos. E é aí que os problemas começam, pois a cultura não pode ser alterada diretamente para se alinhar à mudança organizacional.

Um Construto Derivado

De forma semelhante a uma rede neural no cérebro, a cultura emerge da interação entre o ambiente (os mecanismos formais) e os comportamentos individuais (os mecanismos interpessoais). Por causa disso, pouco pode ser feito para mudar a cultura da organização por mero decreto, e os CEOs que se aventuram nessa empreitada geralmente perdem seus empregos. Camillo Pane é um exemplo. Quando assumiu o cargo de CEO da Coty Inc. em 2016, Pane declarou publicamente que a gigante de fragrâncias e cosméticos precisava começar a "agir como uma startup" e adotar "uma mentalidade desafiadora". Apesar de toda essa retórica, nada sobre a cultura ou o desempenho da Coty mudou nos dois anos seguintes à nomeação de Pane e ele foi demitido em novembro de 2018.

Para que uma cultura se alinhe às mudanças nos mecanismos formais da organização, são necessárias mudanças no modo como seus membros interagem. Se uma organização tenta fundir vendas e marketing, por exemplo, essa mudança formal só aumentará a desconfiança interpessoal entre vendedores e marketing, a menos que as normas de suas interações e atitudes — os mecanismos culturais — mudem para torná-los mais cooperativos. Caso contrário, o feedback com a dinâmica interpessoal e as normas culturais existentes se combinarão para tornar a nova estrutura organizacional inviável, e a empresa será forçada a abandonar seus esforços de mudança.

Um exemplo clássico é a mudança de cultura fracassada da Nokia. No início dos anos 2000, a Nokia era a fornecedora dominante de celulares no mundo, com mais do que o dobro da participação de mercado do segundo maior concorrente. Mas a BlackBerry mudou o jogo com o advento do smartphone, e o CEO da Nokia, Jorma Ollila, sabia que sua empresa precisava se tornar mais empreendedora para prosperar na tempestade que se aproximava, já que outros grandes players inevitavelmente ingressariam no mercado (e Apple, Google e Samsung de fato o fizeram). Sua resposta foi uma grande reestruturação em 2004. Ele acreditava que, com a estrutura e os incentivos certos, os comportamentos individuais mudariam e uma nova cultura surgiria. Porém, os funcionários da Nokia continuaram se comportando e interagindo de acordo com as regras que estavam acostumados a seguir, o que era recompensado em seus níveis locais, já que seus chefes imediatos compartilhavam o mesmo livro de regras culturais, interpretando e interagindo com os funcionários de acordo. Uma aversão cultural ao fracasso, por exemplo, significava que os gestores eram criticados por seus chefes por gastar dinheiro em experimentos que não funcionavam, o que tornava esses gestores relutantes em assumir riscos, o que, por sua vez, dificilmente levaria à criação de uma cultura de empreendedorismo. No momento em que isso se tornou aparente, o dano estava feito. Como Jorma Ollila admite em sua própria biografia: "Nós sabíamos [em 2004] o que estava acontecendo, mas nosso erro foi não ser capaz de agir." Antes avaliada em US$300 bilhões, a Nokia vendeu seu negócio de dispositivos móveis para a Microsoft por US$7,2 bilhões em 2013, que por usa vez o vendeu a ex-funcionários da Nokia por US$350 milhões em 2016 — esse foi o preço da incapacidade de mudar a cultura para melhor.

Então, o que os CEOs devem fazer em vez disso?

Como Mudar a Cultura de Forma Indireta

A lição de experiências como a da Nokia é que as interações interpessoais desempenham um papel central no alinhamento de mecanismos culturais e formais. A cultura só muda se pessoas suficientes começarem a se comportar de maneira diferente e a nova norma for internalizada. Os tipos de mudanças podem parecer insignificantes, mas algo tão simples como fazer com que todos em uma sessão de brainstorming se sentem em uma mesa redonda, em vez de retangular, pode ter um impacto profundo na disposição das pessoas de falar, especialmente os funcionários mais novatos que podem ter mais familiaridade com a concorrência nas linhas de frente. Vejamos agora alguns exemplos específicos de mudanças nos comportamentos interpessoais em que estive envolvido.

Estrutura e preparação: Esqueça a apresentação de slides

Quando se tornou CEO da P&G em 2000, A. G. Lafley queria sacudir a cultura burocrática que havia evoluído em torno do processo de estratégia corporativa. O processo era ancorado em uma revisão estratégica de cada negócio pelo CEO e pelos chefes funcionais corporativos, e as atitudes sobre essa interação eram mais bem resumidas pela expressão "entrar e sair". Uma reunião era considerada bem-sucedida se os presidentes das unidades de negócios saíssem dela com o menor número possível de alterações em suas propostas.

Para atingir esse objetivo, os executivos da unidade compareciam à reunião munidos de um "monte" de slides de PowerPoint cobrindo todas as possibilidades, acompanhados por dezenas de "folhas de problemas" às quais poderiam recorrer para fornecer respostas a qualquer pergunta. Uma métrica-chave de sucesso para a equipe de apresentação era ter uma folha de problemas preparada para cada pergunta que surgisse — independentemente de quantas folhas de problemas precisassem ser criadas para garantir esse resultado. Era um exercício gigantesco de adivinhação — e as equipes das unidades levavam semanas para preparar os slides e as folhas de problemas. Na reunião, os presidentes das unidades de negócios escrutinariam os slides nos mínimos detalhes e responderiam às perguntas recorrendo à folha de problemas apropriada. Essas reuniões podiam durar o dia todo.

A pedido de A. G. Lafley, realizei uma série de entrevistas com apresentadores e revisores e descobri que, embora ninguém estivesse satisfeito com o processo, cada lado imaginava que o outro o achava útil. Em um exemplo quase clássico do Paradoxo de Abilene, no qual os membros de uma família concordam em dirigir oitenta quilômetros para jantar em Abilene, Texas, quando na verdade cada um deles pensava ser o único que não tinha interesse em comparecer, os revisores achavam as reuniões desagradáveis e inúteis, mas imaginavam que os apresentadores geravam muito valor ao fazer todo o trabalho preparatório. Enquanto isso, os apresentadores achavam as revisões desagradáveis e inúteis, mas imaginavam que era uma experiência valiosa para os revisores.

A. G. e eu decidimos que, para mudar a dinâmica dessas revisões, precisávamos impedir que as pessoas apresentassem enormes slides e folhas de problemas. Para o ciclo do outono de 2001, não pedimos mudanças nos materiais nem no tempo e na duração das revisões. Só pedimos que os slides fossem enviados para nós uma semana antes. Em seguida, forneceríamos antecipadamente à equipe uma pequena lista de tópicos (não mais do que três) que pretendíamos discutir na revisão. Especificamos que nenhuma preparação adicional era necessária para a discussão e, como não queríamos assistir a uma longa apresentação de slides focada nos pontos de discussão, insistimos que não levassem mais do que três folhas de papel para a reunião.

As pessoas fizeram de tudo para nos demover da ideia. Algumas equipes imploraram para deixá-las apresentar seus slides originais. Muitas tentaram inserir o máximo de informação que podiam em fonte oito nas três páginas, oferecendo "soluções" completas para os problemas de discussão definidos. Mas insistimos que não teríamos apresentações e não demonstramos interesse em respostas. Só fazíamos questão de discussões robustas sobre tópicos de estratégia que realmente importassem para o negócio em questão. Cada reunião foi um desafio para A. G. e para a equipe corporativa, que tiveram que impedir que os presidentes das unidades de negócios tentassem conduzir a reunião para um formato confortável. Mas alguns se engajaram no processo, e ouvimos algumas coisas que não esperávamos.

Demorou cerca de quatro anos para que as unidades de negócios se ajustassem totalmente à ideia de que, na verdade, o que A. G. queria era apenas ter uma discussão estratégica rica que explorasse ideias — novas maneiras de competir, novas avenidas de crescimento, ameaças fundamentais — e garantisse que as melhores mentes da empresa conversassem em vez de se engajarem em uma batalha corporativa. No devido tempo, normas e hábitos não escritos em torno da elaboração de estratégias mudaram para apoiar totalmente um exercício de pensamento generativo que dura até hoje.

Cultura 89

Pessoas: Introduzindo grupos de trabalho de pares

A Amcor, com sede em Zurique, é a quinta maior empresa de embalagens do mundo. Todo ano, ela envia um grupo de cerca de uma dúzia de executivos seniores, que normalmente reportam a um membro da equipe de gestão global (GMT, na sigla em inglês), para um programa de desenvolvimento de executivos (PDE). Para o grupo de 2020, trabalhei com a equipe da Amcor projetando e supervisionando o PDE como parte de um projeto para transformar a cultura em torno da criação de estratégia.

O elemento central do PDE é a iniciativa estratégica pessoal (IEP). Durante os seis meses do programa, os participantes trabalham em um caso, problema ou questão de estratégia real que eles e os chefes da GMT concordam ser importante para determinados negócios. No final do programa, eles devem apresentar o trabalho que fizeram em suas IEPs ao chefe da GMT com um curso de ação recomendado. O objetivo implícito dos participantes em iterações anteriores do programa era fazer uma apresentação de sua IEP o mais perfeita possível. E a abordagem da maioria dos revisores da GMT era criticar a apresentação, como se estivessem avaliando os participantes. Na verdade, o que deveria ter sido uma discussão aberta sobre estratégia tornou-se uma avaliação de desempenho.

A fim de mudar a cultura do programa, criamos quatro subgrupos de três participantes que se reuniriam para check-ins mensais, nos quais o objetivo declarado era que cada um ajudasse os dois colegas a desenvolver suas IEPs. Foi uma mudança pequena, mas poderosa, pois permitiu que os participantes apresentassem trabalhos que ainda não estavam perfeitos para discussão. Independentemente da qualidade do trabalho, os indivíduos receberiam conselhos úteis. E as pessoas que ajudavam não estavam pensando em revisar e criticar, mas, sim, em oferecer algo útil e construtivo.

Para as reuniões finais antes da revisão do PDE pelos executivos da GMT, recombinamos os quatro grupos de três em dois grupos de seis para que cada participante obtivesse ajuda de mais três colegas que eram novos no trabalho. Mais uma vez, as instruções foram de fornecer conselhos ao colega sobre como tornar a estratégia ainda melhor. Na etapa final, dei a todos as mesmas instruções explícitas, incluindo o chefe da GMT — concentrar a conversa em como melhorar a IEP, em vez de avaliar o desempenho do participante.

É muito cedo para ter certeza de que as mudanças desencadearam uma transformação fundamental, mas estou otimista, em parte porque concluímos o programa de 2021 com sucesso ainda maior. Os participantes e os chefes das GMTs concordam que a qualidade das apresentações e do trabalho de IEP melhorou como resultado das rodadas adicionais de engajamento entre pares. Eles também concordam que as discussões são mais amplas e mais especulativas, sugerindo que o exercício de IEP parece ter deixado de ser uma avaliação, como resultado das mudanças na mecânica interpessoal do processo.

Enquadramento: Pedir ajuda em vez de uma nota

As relações entre a equipe executiva e o conselho de uma prestigiada empresa da *Fortune 25* que aconselhei pareciam presas em uma espiral descendente. O conselho questionava todas as ideias que a equipe sênior apresentava e expressava suas reservas a cada boa notícia. A equipe sênior comparecia às reuniões pisando em ovos; e, a cada interação disfuncional, as expectativas de ambos os lados caíam ainda mais, prejudicando bastante a interação seguinte. Ambos os lados tentaram algumas correções formais — pautas mais curtas, mais tempo alocado para perguntas e respostas e instruções mais abrangentes —, mas nada funcionou. O presidente apelou aos membros do conselho para adotar uma cultura mais positiva, mas isso só gerou mais raiva.

A raiz do problema parecia estar em uma cultura de "nós contra eles", na qual (como os presidentes de unidade da P&G e os participantes do PDE na Amcor) um lado tentava vender algo para o outro, que se sentia obrigado a avaliar o desempenho alheio em vez de trocar ideias e insights. Os executivos faziam apresentações projetadas para serem o mais perfeitas e abrangentes possível e, em seguida, esperavam que o conselho os parabenizasse pela apresentação. Enquanto isso, os membros do conselho procuravam desesperadamente maneiras de demonstrar que agregaram valor ao material sobre o qual sabiam relativamente pouco e acabavam procurando contradições e incoerências, o que ficava parecendo mera implicância.

Aconselhei a equipe executiva a investir menos esforço na tentativa de impressionar o conselho e, em vez disso, pensar em fazer com que os membros do conselho compartilhassem insights das próprias experiências e conhecimentos. A empresa estava enfrentando uma disrupção tecnológica significativa, então encorajei os membros do conselho a dedicar um tempo para expor seus pensamentos iniciais sobre como responder à disrupção em questão. Em seguida, o CEO perguntou aos membros do conselho: "Com base em suas experiências em vários setores, quais foram as maneiras mais bem-sucedidas de se preparar e lidar com esse tipo de grande disrupção? E o que vocês acham que pode estar faltando em nossa abordagem preliminar?"

Com essa abordagem, os membros do conselho não estavam mais na posição desconfortável de emitir algum tipo de julgamento sobre o desempenho da equipe executiva em um negócio que não conheciam tão bem. Em vez disso, passaram a contribuir em questões nas quais tinham vasto conhecimento. Vários membros do conselho tinham insights de outros setores que a equipe executiva logo de cara considerou valiosos, descobrindo que eram casos análogos úteis à discussão. Os membros do conselho se envolveram de maneira muito mais positiva com os executivos e relataram o quanto ficaram impressionados com o pensamento da administração. Para os executivos, que compareciam às reuniões com consideráveis reservas — com medo de parecerem fracos e mal preparados —, ver os membros do conselho reagirem dessa maneira foi revelador.

Cada uma das mudanças que acabei de descrever transformou apenas uma parte do livro de regras em uma área específica da organização — as revisões de unidade na P&G, o PDE na Amcor e as reuniões do conselho na empresa da *Fortune 25*. Essas foram mudanças locais importantes que tiveram grandes repercussões nas organizações envolvidas, mas não foram mudanças culturais em toda a organização. Para um exemplo de como pequenas alterações na preparação, na estrutura e no enquadramento de interações pessoais transformaram a cultura geral e o desempenho de uma organização, vou relatar minha experiência de mudança cultural na Rotman School of Management da Universidade de Toronto, onde atuei como diretor de 1998 a 2013.

Criando uma Cultura Vencedora na Rotman School

Quando assumi o cargo, a Rotman School ainda não havia se recuperado de um problema que envergonhou a instituição, forçou a renúncia do diretor anterior e dividiu o corpo docente em campos de batalha. Professores, funcionários, estudantes e o mundo exterior viam a faculdade como uma distante segunda opção para a Ivey Business School, a mais prestigiada escola de negócios canadense na época.

A cultura da Rotman era tóxica. A suposição por parte do corpo docente e dos alunos era que os administradores da faculdade e da universidade não eram confiáveis e estavam fechados a qualquer mudança. Por sua vez, os administradores viam tanto o corpo docente quanto os alunos como reclamões irritantes e sempre insatisfeitos. Tanto o corpo docente quanto a administração nutriam profundas desconfianças dos stakeholders externos, incluindo ex-alunos, a comunidade empresarial canadense e a mídia de Toronto. Eu sabia que precisava mudar o livro de regras em sua mente coletiva para ter alguma esperança de fazer a faculdade brilhar.

Como eu era um contratado externo de alto nível, advindo da comunidade empresarial, a suposição era de que eu faria mudanças drásticas — que reorganizaria a faculdade e implementaria uma "cultura empresarial". Não foi o que aconteceu. Quando saí, em 2013, a estrutura organizacional em vigor não era muito diferente da que encontrei em 1998. A estrutura de governança era idêntica. Houve ajustes, mas foi só isso. Não fiz um anúncio ousado de uma nova cultura; na verdade, nem falei sobre cultura.

Em vez disso, concentrei-me incansavelmente em mudar os mecanismos direcionais interpessoais — por exemplo, a maneira de lidar com as discussões de revisão do corpo docente, com os conflitos do corpo docente e com as reuniões com minha equipe principal que trabalhava com stakeholders externos.

Revisão do corpo docente: Como podemos ajudar?

Quando entrei, o sistema de revisão do corpo docente imposto à Rotman School (e a todos os outros departamentos) pela Universidade de Toronto exigia que cada membro do corpo docente enviasse um relatório anual ao diretor, especificando as realizações de pesquisa, ensino e atividades do professor nos doze meses anteriores — ou seja, livros ou artigos publicados, palestras como convidado, bolsas ou premiações de pesquisa concedidas, cursos ministrados com avaliações de alunos, premiações de ensino, comissões de que participou e assim por diante. Como diretor, minha tarefa era emitir uma carta de avaliação padrão, informando aos membros do corpo docente seus rankings em uma escala de sete pontos para pesquisa, ensino, atividades e geral. Não fiz nenhuma mudança nesse mecanismo formal. Mas adicionei uma interação interpessoal: convidava cada membro do corpo docente para uma reunião de uma hora após o envio do relatório. Durante a reunião, eu fazia três perguntas:

1. Até que ponto você cumpriu as metas que estabeleceu para si mesmo no ano passado?
2. Quais são suas metas para o próximo ano?
3. Para tentar alcançar esses objetivos, você precisa de alguma ajuda da faculdade que não está recebendo agora?

A razão pela qual acrescentei essa reunião foi encorajar os professores a se verem como responsáveis por suas realizações e a perceberem que meu trabalho (e o da administração) era ajudá-los (dentro do razoável) a alcançar seus objetivos intrinsecamente motivados. A conversa não era sobre um julgamento do diretor. Era a tentativa do diretor de descobrir o que eles queriam fazer e de que ajuda precisavam para tal. Como diretor, eu poderia intervir em processos administrativos de modo a ajudar os membros do corpo docente a alcançar seus objetivos ou superar obstáculos, e essas reuniões revelavam situações em que havia uma necessidade gritante de intervenção.

Um caso no início do meu mandato se destaca. Como em muitas faculdades de negócios, o corpo docente da Rotman consistia em duas categorias: professores de pesquisa efetivados com estabilidade e professores temporários (mais tarde chamados de professores de prática) que não eram obrigados a fazer pesquisa, mas lecionavam em um número maior de cursos por ano. Culturalmente, na maioria das faculdades, muitos dos professores de pesquisa e administradores tratam os temporários como cidadãos de segunda classe. Quando fiz a terceira pergunta a Joan, uma professora temporária de longa data, sua resposta foi clara e simples: um notebook, que a administração se recusara a fornecer.

Para entender por que isso era importante, você deve saber que a universidade tem um campus principal no centro da cidade, além dos campi leste e oeste nos subúrbios da cidade. Joan lecionava no campus do centro e no oeste. De acordo com as regras da universidade, todos os professores efetivados ou temporários recebiam um desktop para seu escritório (o dela era no centro). Como ainda não havia sistemas de sala de aula conectados a um sistema compartilhado, Joan tinha que acessar seu computador e gravar os slides das aulas em disquetes (lembra-se deles?), levar os disquetes (certos) com ela para as salas de aula e, em seguida, baixar os slides no computador da sala de aula diante de estudantes impacientes. Tudo isso seria eliminado se Joan substituísse seu desktop por um notebook, podendo carregá-lo consigo e conectá-lo ao projetor de qualquer sala de aula. Apesar da evidente razoabilidade do pedido, sempre que Joan procurava o departamento de TI, os administradores insistiam que ela não poderia ter um notebook em virtude da política da universidade. Quando eu disse que ela poderia ter um notebook, Joan me perguntou se eu estava brincando. Assegurei-a de que estava falando sério. Quando ela foi ao departamento de TI para pegar um notebook, eles me ligaram para perguntar se a política havia mudado e todos poderiam ter um. Minha resposta foi: "Não. Mas Joan realmente precisa de um para fazer seu trabalho." E a decisão não estabeleceu um precedente, mesmo que logo o fato tenha se tornado notório, pois todos entenderam que eu estava atendendo a uma necessidade individual e personalizada, não criando uma nova regra.

A introdução de uma conversa focada em ajudar os professores a alcançar seus objetivos, e não no desempenho deles, transformou as atitudes dos professores em relação à administração. Poucos membros do corpo docente deixaram a Rotman durante meus quinze anos lá; e, nas vezes que precisei de ajuda (principalmente após a crise financeira global), eles estavam prontos para retribuir e ajudar a faculdade. Notícias sobre essa prática se disseminaram pela universidade — professores de outras faculdades começaram a perguntar se eu estaria disposto a fazer uma reunião anual com eles.

Gerenciando conflitos: Vamos resolver isso pessoalmente

Dentre os fatores que contribuíam para as más relações entre docentes e administradores, destacava-se o papel percebido da administração como julgadora nas disputas entre acadêmicos. As universidades são notórias por esses conflitos, talvez, nas famosas palavras de Henry Kissinger, "porque não há muito a perder". Rapidamente me vi recebendo visitas de membros do corpo docente para reclamar de outro membro na esperança de que eu interviesse a seu favor.

Em vez de instituir um processo formal de resolução de conflitos ou fazer um apelo geral para que os membros do corpo docente resolvessem suas diferenças diretamente, mudei a dinâmica interpessoal de nossas reuniões, que costumava chamar em particular de "campanha pelo comportamento adulto".

Quando algum membro do corpo docente ia ao meu escritório para reclamar de um colega acadêmico, eu me levantava alegremente da minha mesa e sugeria que nós dois fôssemos até a pessoa imediatamente para resolver o problema. Quase sempre isso era o oposto do que o reclamante queria — reclamar comigo sobre alguém que o irritava sem que a outra pessoa pudesse responder. Ter que presenciar minha arguição ao outro lado poderia fazer o reclamante parecer tolo.

Como imaginei que seria o caso, nenhum reclamante jamais aceitou a oferta e, em poucos meses, as pessoas pararam de reclamar dos colegas para mim. Não sou ingênuo de pensar que essa estratégia comportamental eliminou o conflito interpessoal entre professores, mas criou uma cultura na qual as pessoas trabalhavam diretamente na resolução de seus conflitos, em vez de recorrerem ao diretor. Nos meus últimos dez anos no cargo, nenhum membro do corpo docente reclamou comigo sobre um colega.

Stakeholders externos: Mudando as regras de engajamento

Quando assumi como diretor, a faculdade tinha: (1) pouca interação com a comunidade empresarial (no ano anterior, houve um total de dois eventos na faculdade para os quais os membros da comunidade empresarial foram convidados); (2) quase nenhum perfil de mídia (repórteres ligavam e/ou escreviam sobre nossos concorrentes antes de ir até nós); (3) baixos níveis de engajamento com ex-alunos (tínhamos informações de contato ativas para menos de 15% dos ex-alunos e não fazíamos quase nada por eles); e (4) um perfil intelectual pouco visível fora das revistas acadêmicas referenciadas (produzíamos intermitentemente a *Rotman Magazine*, enviada para os poucos ex-alunos de quem tínhamos endereços, com pouco efeito evidente). Como tínhamos pouca flexibilidade financeira para investir em qualquer um desses portfólios externos, eu sabia que precisava mudar as atitudes e normas em torno do que já estávamos fazendo.

A atitude tradicional na instituição tinha sido extrativista. Nós interagíamos com ex-alunos e negócios porque queríamos arrecadar dinheiro ou contratar graduados. Interagíamos com a mídia para obter críticas favoráveis e notícias para que ex-alunos e empresas se sentissem bem em se associar conosco. Em minha reunião com gerentes encarregados de eventos, relações com a mídia, ex-alunos e da revista, pressionei para substituir essa atitude pelo que passei a chamar de "Doutrina da Utilidade Implacável": nos tornaríamos tão úteis aos nossos stakeholders externos quanto possível sem pedir nada em troca. Se trabalhássemos arduamente para isso, sugeri, coisas boas aconteceriam para a faculdade. Ninguém sabia como nem quando. Mas algo bom resultaria. Então, em minhas conversas com os membros da equipe, pedia ideias sobre como eles poderiam ser úteis para os stakeholders com os quais se envolviam e ideias sobre como eu e qualquer outra pessoa na faculdade poderíamos ajudá-los a ser úteis.

Uma dessas ideias que continua forte até hoje foi criar um dia anual de Aprendizagem ao Longo da Vida (ALV) para os graduados. A teoria era que, uma vez que novos conhecimentos continuam a se acumular depois de se formar, faríamos um recall (como um automóvel) para fornecer o conhecimento que se acumulou no ano seguinte. E faríamos isso todos os anos para que a faculdade se responsabilizasse por manter os ex-alunos sempre atualizados. Não cobraríamos um centavo por isso e não pediríamos doações, como acontece nas reuniões de turma.

Nosso dia de ALV se tornou um evento enorme e popular que nos aproximou de nossos ex-alunos. Também produziu uma resposta inesperada — pessoas de fora que gostaram tanto do conteúdo proposto queriam participar. Nossa primeira reação foi não permitir essa participação, pois isso tornaria o evento menos especial para os ex-alunos. Mas então percebemos que, se cobrássemos de não ex-alunos, criaríamos mais espaço orçamentário para melhorar a oferta e demonstrar em cifras reais o valor que os ex-alunos estavam recebendo gratuitamente. Dentro de relativamente pouco tempo, centenas de não alunos estavam pagando US$1.000 por um dia de ALV, e nunca um ex-aluno sequer reclamou.

À medida que essas conversas ocorriam e eram transformadas em prática, as atitudes em torno de como a Rotman se envolvia com os stakeholders externos mudaram e convergiram para ver tudo através da lente da utilidade implacável. Com o passar do tempo e com os frutos de nossos esforços tornando-se aparentes, a escala de nosso engajamento aumentou drasticamente. No meu último ano como diretor, tivemos 122 eventos atraindo mais de 10 mil pessoas. Nossa parcela de cobertura da mídia superou a de todas as outras faculdades de negócios canadenses combinadas, e estávamos recebendo pelo menos dez menções a cada semana na imprensa internacional (em comparação com menos de uma vez por mês em 1998). Passamos a ter endereços ativos para mais de 90% dos ex-alunos e alto engajamento em uma variedade de eventos de ex-alunos, incluindo o ALV. Nossa revista apareceu em bancas de jornais em todo o Canadá e se equiparou à *California Management Review* e à *MIT Sloan Management Review* em circulação paga. Conseguimos tudo isso com um investimento líquido anual (ou seja, após o evento e a receita de assinatura) que, no meu último ano (2013), ainda era pouco maior do que o orçamento de relações externas que herdei em 1998.

• ◎ •

Quando os executivos tentam mudar a cultura de uma organização, muitas vezes levam as ferramentas erradas para a tarefa — mudanças nos processos e sistemas formais e duras críticas. Essa abordagem está condenada ao fracasso porque a cultura não depende de sistemas e processos ou das crenças de um líder, mas de como os indivíduos reagem uns aos outros no contexto de suas regras e relacionamentos. Para alcançar uma mudança cultural real, os executivos devem se concentrar e demonstrar disciplina em como estruturar as interações humanas que compõem o dia de trabalho de uma organização. Isso requer investir tempo e se comprometer com a repetição. As pessoas não mudam da noite para o dia, mas, quando mudam, as consequências são profundas e duradouras.*

---

* Este capítulo atualiza e expande Roger L. Martin, "Changing the Mind of the Corporation", *Harvard Business Review*, novembro-dezembro de 1993.

7

Trabalho do Conhecimento

Você deve se organizar em torno
dos projetos, não do trabalho.

Empresas em todos os lugares têm dificuldades na gestão dos trabalhadores do conhecimento. Elas competem ferozmente para encontrar e reter os melhores talentos, muitas vezes acumulando milhares de gerentes no processo. Por um tempo, isso é bom, mas inevitavelmente, quando as condições econômicas se tornam menos favoráveis, elas percebem que esses trabalhadores caros não são tão produtivos quanto o esperado e, em um esforço para gerenciar os custos, dispensam uma grande parte deles. Mas logo estão recrutando novamente.

Esse ciclo é altamente destrutivo. Além dos custos humanos e sociais envolvidos, é ineficiente demais para uma empresa gerenciar qualquer recurso dessa maneira, que dirá um amplamente reconhecido como o motor do crescimento corporativo na era moderna. Mas o mais intrigante é que as empresas que se envolvem nesse ciclo têm alguns dos modelos mais reverenciados dos Estados Unidos. A General Electric, por exemplo, realizou extensas demissões gerenciais nos anos 1980 e início dos anos 1990. Após um crescimento gradual em seus quadros, a empresa anunciou outra rodada de demissões em 2001. Em 2007, os números voltaram a subir — até que a recessão, mais uma vez, forçou cortes. Colgate-Palmolive, MetLife, Hewlett-Packard e PepsiCo, entre outras, passaram pelo mesmo processo.

Por que essas empresas têm tanta dificuldade com o que deveria ser seus ativos mais produtivos? A resposta, penso eu, está enraizada em um profundo mal-entendido — apesar de décadas de pesquisa e debate sobre a economia do conhecimento — de como o trabalho do conhecimento difere ou não do trabalho manual que entendemos tão bem. A maioria das empresas comete dois grandes erros específicos na gestão de trabalhadores do conhecimento. O primeiro é pensar que devem estruturar essa força de trabalho como fazem com uma força de trabalho manual — com cada funcionário fazendo as mesmas tarefas dia após dia. O segundo (que deriva em parte do primeiro) é presumir que o conhecimento necessariamente está vinculado aos trabalhadores e, ao contrário do trabalho manual, não pode ser facilmente codificado e transferido para outros.

E isso me leva a uma forma diferente de pensar sobre o trabalho do conhecimento: *você deve se organizar em torno dos projetos, não do trabalho.* Neste capítulo, demonstrarei o quanto as suposições tradicionais em torno do trabalho são destrutivas — ainda que compreensíveis — no contexto do trabalho do conhecimento e descreverei um paradigma alternativo. Se as empresas adotarem mais amplamente o modelo que proponho, poderemos enfim nos livrar do atual ciclo perverso de contratação e demissão que caracteriza a maioria das corporações hoje.

Vamos começar analisando o que os trabalhadores do conhecimento realmente fazem.

A Ascensão da Fábrica de Decisões

Os trabalhadores do conhecimento não fabricam produtos ou executam serviços básicos. Mas produzem algo, e é perfeitamente razoável caracterizar seu trabalho como a produção de decisões: o que vender, a que preço, para quem, com que estratégia de publicidade, por meio de qual sistema de logística, em que local e com que níveis de pessoal.

Nas mesas e nas salas de reuniões, todos os dias de suas vidas profissionais, os trabalhadores do conhecimento labutam arduamente nas fábricas de decisões. Suas matérias-primas são dados, seja de seus próprios sistemas de informação ou de fornecedores externos. Eles produzem muitos memorandos e apresentações cheios de análises e recomendações. Envolvem-se em processos de produção — as reuniões — que convertem esse trabalho em produtos acabados, na forma de decisões. Ou geram retrabalho: outra reunião para chegar à decisão que não foi tomada na primeira. E participam de tarefas de pós-produção: acompanhando os resultados das decisões.

As fábricas de decisões se tornaram, sem dúvida, o maior custo corporativo nos Estados Unidos, mesmo em grandes indústrias como a P&G, porque os salários dos trabalhadores da fábrica de decisões excedem em muito os dos trabalhadores das fábricas físicas. Em busca dos objetivos de eficiência e crescimento, as empresas na segunda metade do século XX gastaram valores cada vez maiores em P&D, branding, sistemas de tecnologia da informação e automação — todos os investimentos que exigiram a contratação de um exército de trabalhadores do conhecimento.

Lembro-me vividamente de trabalhar com o CEO de um dos maiores fabricantes de pão da América do Norte. Ele havia acabado de substituir uma fábrica de trabalho intensivo e antiquada pela panificadora mais avançada do continente. Com orgulho, ele me disse que os novos fornos computadorizados e as máquinas de embalagem reduziram os custos diretos de mão de obra em 60%. Mas, enquanto isso, uma multidão de trabalhadores do conhecimento novos e caros havia sido adicionada tanto no escritório central quanto na fábrica — engenheiros, técnicos de informática e gerentes — para cuidar dos sofisticados sistemas de informática e equipamentos de última geração. A nova fábrica não era tão perfeita quanto parecia à primeira vista. Os custos variáveis do trabalho manual caíram, mas o custo fixo dos trabalhadores do conhecimento aumentou, tornando crucial manter uma alta utilização da capacidade — o que era possível em alguns anos, mas não em outros.

A panificadora era representativa de muitas empresas. Elas trocam custos diretos por custos indiretos, o que significa menos trabalhadores manuais, mais produtivos, e um maior número de trabalhadores do conhecimento, mais caros. (Veja o quadro "A Crescente Participação do Trabalho do Conhecimento".)

Mais de meio século após Peter Drucker cunhar o termo "trabalhadores do conhecimento", esses funcionários se tornaram não apenas uma parte importante da força de trabalho, mas a dominante. E, à medida que a China e outras localidades de baixo custo fornecem cada vez mais trabalhadores manuais, as economias desenvolvidas se tornarão cada vez mais dependentes de trabalhadores do conhecimento, cuja produtividade pode, portanto, ser *o grande* desafio de gerenciamento de nosso tempo.

Produtividade na Fábrica de Decisões

Os dois impulsionadores críticos da produtividade em qualquer processo de produção são a forma como o trabalho é estruturado e a capacidade da empresa de capturar as lições da experiência. Esses impulsionadores são, naturalmente, interdependentes: como você estrutura o trabalho influencia sua capacidade de aprender com ele. Nas fábricas de decisões, um descompasso entre a realidade e a forma como o trabalho é estruturado leva diretamente a ineficiências na alocação do trabalho do conhecimento. Por se tratar de pessoas, essa incompatibilidade enfraquece os incentivos para o compartilhamento de conhecimento. Vamos examinar por quê.

Estrutura de trabalho na fábrica de decisões

A unidade básica de uma fábrica de decisões é trabalho. Nesse aspecto, as fábricas de decisões seguem o modelo da fábrica de produtos, pelo qual os gerentes normalmente identificam uma atividade específica da função de um funcionário e que precisa ser repetida mais ou menos diariamente. Se você sabe a quantidade de produção que deseja, consegue estimar quanto de "trabalho" precisa e contratar de acordo. É claro que a produção é sempre um pouco variável e, até o ponto em que pode ser prevista, é possível incorporá-la aos contratos de trabalho. Alguns funcionários trabalham menos turnos ou em turnos mais curtos do que outros. Mas, no geral, a suposição implícita nessa estrutura é que a produção da fábrica de produtos é constante.

A Crescente Participação do Trabalho do Conhecimento

Uma das maneiras de se ter uma noção da magnitude da ascensão dos trabalhadores do conhecimento na força de trabalho moderna é olhar para as mudanças no custo dos produtos vendidos (CPV) e despesas com vendas, gerais e administrativas (DVGA) em grandes empresas. Os gastos com CPV e DVGA — de longe as maiores despesas em qualquer empresa — servem como um representante razoável para operários e trabalhadores administrativos, respectivamente, porque os custos dos primeiros estão embutidos no CPV e os dos últimos compõem a maioria da DVGA.

O Dow Jones 30 (DJ30) sempre exemplificou os grandes negócios norte-americanos: em 2020, seus membros tiveram uma receita de US$2,8 trilhões e tinham aproximadamente 8 milhões de funcionários. Como mostra o gráfico a seguir, em 1972 o gasto agregado do DJ30 em CPV era de 72% da receita e em DVGA era de 13%. No final de 1970, a DVGA começou a crescer em proporção à receita. Na década seguinte, o CPV começou a cair. Em 2020, a proporção relativa havia mudado drasticamente; o CPV caiu para 52% e a DVGA para 20%.

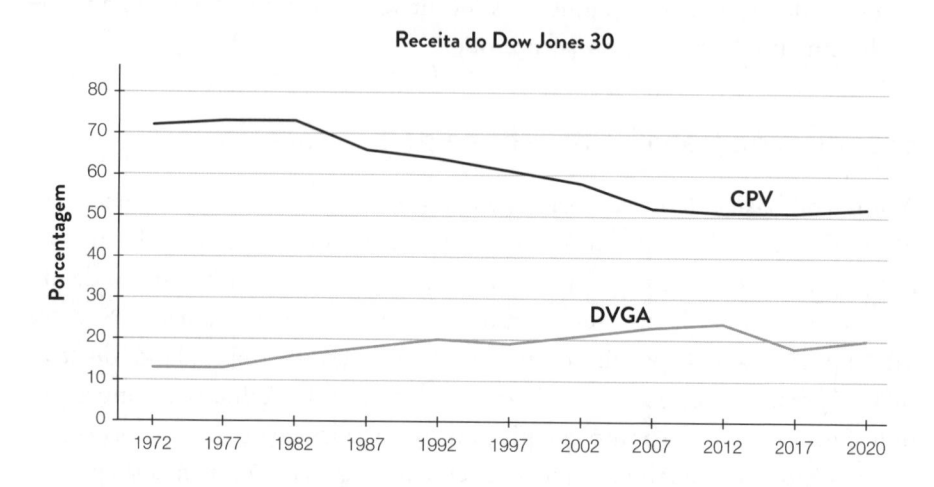

Receita do Dow Jones 30

O trabalho na fábrica de decisões é baseado na mesma suposição. Por exemplo, presume-se que a vice-presidente de marketing produza a mesma quantidade todos os dias. Portanto, as descrições das funções listam uma coleção de tarefas contínuas que totalizam um trabalho em tempo integral. Dentre as atribuições típicas da vice-presidente de marketing, a titular é responsável pela marca do produto, atividades promocionais, pesquisa de mercado e assim por diante — tudo isso descrito como se precisasse ser feito dia após dia, semana após semana, mês após mês.

Mas a analogia entre fábricas de decisões e de produtos termina aí. O trabalho do conhecimento, na verdade, vem principalmente na forma de projetos, não de tarefas diárias rotineiras. Os trabalhadores do conhecimento, portanto, experimentam grandes oscilações na intensidade de tomada de decisão. A vice-presidente de marketing estará ocupada durante o lançamento de um produto importante ou quando surgir uma ameaça competitiva — e muito, muito ocupada se os dois eventos ocorrerem simultaneamente. Porém, nos intervalos, ela terá poucas ou até nenhuma decisão a tomar, e pode ter pouco a fazer além de responder e-mails atrasados. No entanto, ninguém sugere que ela tire férias nesses períodos, muito menos que a empresa pare de pagar seu salário.

Ciclos compulsivos de contratação e demissão de trabalhadores do conhecimento são a consequência desastrosa dessa abordagem ao trabalho do conhecimento. Quando forças de trabalho inteiras são organizadas em torno de posições permanentes e em tempo integral, é difícil redistribuir recursos para áreas extremamente ocupadas de modo a lidar com um pico na demanda. Normalmente, o departamento de RH precisa criar uma nova posição, elaborar uma descrição da função e, em seguida, preencher o cargo transferindo alguém de outro posto de tempo integral ou via contratação externa.

Gestores em todas as áreas tendem a contratar pessoal quando percebem um pico de demanda para trabalho do conhecimento em sua área de responsabilidade. Isso institucionaliza um nível significativo de excesso de capacidade que se espalha em pequenos incrementos pelas fábricas de decisões. É por isso que a produtividade da fábrica de decisões é um desafio moderno contínuo.

É claro que não é do interesse dos trabalhadores do conhecimento procurar os chefes e declarar que estão com "capacidade ociosa". Na melhor das hipóteses, serão julgados em avaliações de desempenho como executando um trabalho fácil e não sendo muito produtivos. Na pior das hipóteses, os chefes podem decidir que esses funcionários podem ser cortados. Assim, é benéfico para todo trabalhador do conhecimento parecer ocupado o tempo todo. Há sempre um relatório para escrever, um memorando para gerar, uma consulta para fazer, uma nova ideia para explorar. E é em apoio a esse imperativo de sobrevivência percebido que o segundo impulsionador da produtividade — a transferência do conhecimento — acaba distorcido.

Conhecimento na fábrica de decisões

Como descrevi em meu livro *Design de Negócios*, o desenvolvimento do conhecimento passa por três estágios. Quando uma nova operação de manufatura ou serviço é criada — por exemplo, a primeira instalação de fabricação de chips de microprocessador da Intel, em 1983, ou o primeiro parque temático da Disney, em Anaheim, Califórnia, em 1955 —, a tarefa é *desconhecida*. Qual o fluxo ideal do processo na fábrica de produção? Como as filas devem ser estruturadas na Disneylândia? O trabalho experimental pioneiro tende a ser ineficiente e cheio de erros, como todo caminho desconhecido.

No devido tempo, com muita prática, um corpo de sabedoria é criado — o que pode ser chamado de *heurística* —, orientando como o processo é realizado. As dezenas de novas fábricas da Intel não são mais uma questão de tentativa e erro, pois foram projetadas pelos mestres experientes que trabalharam na primeira. E, quando a Disney abriu seus quatro parques temáticos Walt Disney World em Orlando, Flórida, foi capaz de usar a heurística do parque de Anaheim.

Nas fábricas de produtos, o avanço do conhecimento não se limita à heurística. A cultura em operações de manufatura e serviços em larga escala é seguir em frente até que o conhecimento se torne um *algoritmo* — uma fórmula para o sucesso garantido. Um manual de operação substitui o mestre experiente. Gerentes menos experientes podem usar o algoritmo para realizar o trabalho. Essa cultura está por trás do sucesso de ícones como McDonald's e FedEx. E o trabalho não termina com o algoritmo: ele é aprimorado e refinado em um processo de melhoria contínua.

Na fábrica de decisões, no entanto, o conhecimento tende a permanecer no nível heurístico, em que a experiência e o julgamento são os principais requisitos para uma tomada de decisão apropriada. Claro, uma grande parte da explicação é que o desafio do conhecimento é simplesmente mais difícil nas fábricas de decisões. Muitas decisões devem ser tomadas pela primeira vez e, portanto, ainda se enquadram no desconhecido. Por exemplo, como uma empresa deve entrar na Nigéria, seu primeiro mercado em desenvolvimento? E quanto ao país seguinte? A estratégia de entrada adequada será diferente. Mesmo depois de tomar decisões de entrada para dez países, a empresa pode não ter uma heurística, muito menos um algoritmo.

Mas a estrutura baseada no trabalho cria um risco significativo. Se os trabalhadores do conhecimento experientes transformarem uma heurística baseada em habilidades em um algoritmo, estarão abrindo as portas para que a empresa os substitua por funcionários menos qualificados e mais baratos.

É por isso que muitas organizações acham difícil fazer com que os mestres do conhecimento passem tempo ensinando até mesmo as heurísticas aos aprendizes: algo sempre parece ser mais premente.

Claro, esse perigo também existe no universo do trabalho manual. Mas, nesse contexto, o conhecimento avança por meio da observação de processos físicos. Desde o tempo de Frederick Winslow Taylor e seu infernal cronômetro, os operários sabem que seu trabalho pode e será observado e otimizado. No entanto, no caso dos trabalhadores do conhecimento, tudo acontece internamente.

Os executivos seniores das corporações modernas sabem que têm mais trabalhadores do conhecimento do que precisam, mas não sabem em qual área está o excesso. Assim, quando enfrentam uma queda nas vendas ou outro cenário crítico, cortam os trabalhadores do conhecimento de forma reflexa, confiando que alguma parte do excesso desaparecerá sem consequências negativas.

Existe uma maneira melhor de administrar as dispendiosas fábricas de decisões do mundo. E envolve dois atributos centrais: adotar o método que as empresas de serviços profissionais bem-sucedidas usam para o gerenciamento de recursos humanos e implementar a ética da transferência do conhecimento encontrada nas melhores fábricas de trabalho manual.

Redefinindo o Contrato de Trabalho

A chave para romper o ciclo compulsivo no trabalho do conhecimento é usar o projeto, e não o trabalho, como o princípio organizador. Nesse modelo, os funcionários em tempo integral são vistos como desvinculados de funções específicas, podendo fluir para projetos nos quais suas capacidades são necessárias. Assim, as empresas conseguem reduzir o número de trabalhadores do conhecimento na folha de pagamento, pois podem realocar os que têm. O resultado é muito menos tempo de inatividade e tarefas improdutivas.

Pense em uma gerente assistente da marca Dove recém-contratada pela Unilever. De início, ela pode ver seu papel de modo padrão: ajudar seu chefe a direcionar a marca. No entanto, descobrirá rapidamente que o trabalho está em constante mudança. Em um mês, ela pode estar trabalhando no preço e posicionamento de uma extensão de marca. Dois meses depois, pode estar totalmente absorvida no gerenciamento de falhas de produção que estão causando atrasos na remessa do item mais vendido da linha Dove. Então, vem a calmaria até que o chefe atribua mais um projeto. Em alguns meses, ela descobrirá que seu trabalho é uma série de projetos que vêm e vão, às vezes de maneiras convenientes, outras não.

Embora organizar o trabalho do conhecimento em torno de projetos possa parecer uma ideia radical nos negócios tradicionais, é muito familiar para as empresas de serviços profissionais, algumas das quais se tornaram tão grandes quanto as corporações de manufatura. Em 35 anos, a Accenture passou de uma "prática de integração de sistemas" da Arthur Andersen a uma empresa independente com receita semelhante à da Merck. A icônica consultoria McKinsey & Company ficaria em torno do 300º lugar na *Fortune* 500 se fosse uma empresa de capital aberto.

Essas empresas são compostas quase exclusivamente de trabalhadores do conhecimento. Quando um projeto chega, uma equipe é montada para realizá-lo. Quando o projeto é concluído, a equipe é desmontada e seus membros são realocados em outros projetos. Eles não têm atribuições permanentes; detêm níveis de habilidade estabelecidos que os qualificam para trabalhar em certas funções em determinados projetos.

Essa capacidade de canalizar recursos de forma flexível e contínua para projetos à medida que surgem permite que essas empresas de consultoria façam algo que seus clientes não conseguem — isto é, fornecer pessoal para projetos com os quais os clientes não podem lidar sozinhos, pois o pessoal necessário está alocado em atribuições permanentes. É verdade que, para alguns projetos, uma empresa de serviços profissionais tem experiência única. Mas muitas vezes sua capacidade de alocar pessoas rapidamente para a tarefa em questão é a razão de ter sido contratada. De fato, as empresas de serviços profissionais cresceram com tanta rapidez em parte porque estão organizadas em torno de projetos, enquanto seus clientes estão organizados em torno de funções permanentes.

Essa abordagem não se limita às empresas de serviços profissionais. Os estúdios de Hollywood, por exemplo, sempre se organizaram em torno de projetos cinematográficos. Uma equipe se reúne para planejar, filmar, editar, comercializar e distribuir um filme. À medida que os membros individuais da equipe terminam suas tarefas, são alocados a outros projetos.

Algumas corporações tradicionais já reconheceram o poder desse modelo. A P&G, por exemplo, foi uma das primeiras a adotá-lo. Em 1998, a empresa realizou uma grande reorganização operacional. A peça central foi uma mudança de quatro centros de lucro regionais integrados para sete unidades de negócios globais (GBUs, na sigla em inglês) — incluindo cuidados com bebês, cuidados com tecidos e cuidados com beleza —, além de organizações de desenvolvimento de mercado responsáveis por distribuir os produtos de todas as sete GBUs dentro de suas regiões.

Uma característica da reorganização foi a criação da Global Business Services (GBS), a fim de compartilhar tecnologia da informação e serviços de funcionários. As organizações de serviços compartilhados se tornaram populares, então o fato de a P&G ter dado esse passo não foi em si notável. Mas como a GBS operava, sim.

Em 2003, sob a liderança de Filippo Passerini, que atuou como presidente da GBS até 2015, a P&G se envolveu no que era então o maior negócio de terceirização da história corporativa: aproximadamente 3.300 funções foram direcionadas para a IBM, HP e Jones Lang LaSalle. Passerini transferiu para essas organizações os funcionários da GBS que realizavam o trabalho mais rotineiro e menos orientado a projetos. Isso permitiu que ele pensasse de forma mais inovadora sobre as funções que continuaram dentro da GBS. O movimento clássico teria sido estruturá-las em um nível plano, assumindo um fluxo consistente de trabalho semelhante para cada uma.

Em vez disso, Passerini decidiu abraçar a natureza inerente do projeto no trabalho ainda feito na GBS. Ele transformou a parte da empresa que permaneceu dentro da P&G no que chamou de "organização de fluxo para o trabalho". Claro, alguns de seus funcionários ainda estavam trabalhando em funções fixas e permanentes, mas uma grande proporção era designada para qualquer projeto com alta urgência e maior recompensa. Esses trabalhadores do conhecimento não tinham a expectativa de permanecer em uma unidade de negócios em determinada região; eles entenderam que estariam trabalhando em equipes organizadas especificamente para lidar com tarefas urgentes de modo contínuo.

A integração da Gillette foi uma dessas atribuições. A aquisição da Gillette em 2005 foi de longe a maior da P&G, totalizando 30 mil funcionários a um custo de US$57 bilhões. O aspecto mais desafiador estava na área da GBS: integrar todas as funções de *backoffice* — finanças, vendas, logística, manufatura, marketing — e os sistemas de tecnologia da informação. Graças à estrutura de fluxo para o trabalho da GBS, Passerini pôde canalizar rapidamente recursos extensivos para a integração. Como resultado, o processo foi realizado em apenas quinze meses — menos da metade do tempo normalmente necessário para uma aquisição desse tamanho. Com essa sinergia, a economia estimada na integração foi de US$4 milhões por dia, totalizando quase US$2 bilhões.

A abordagem baseada em projetos para trabalho do conhecimento está sendo implementada em toda a P&G. Em 2012, a empresa anunciou uma iniciativa para eliminar o excesso de custos administrativos e gerenciar os custos restantes de forma mais eficaz. Cada parte da organização da P&G está definindo que proporção de sua força de trabalho do conhecimento deve estar em funções permanentes e planas e que proporção deve estar em funções de fluxo para o trabalho. A proporção do fluxo pode variar por unidade, mas é necessário que seja maior que zero.

Rumo ao Algoritmo do Conhecimento

Mudar para uma estrutura de fluxo para o trabalho fará muito para melhorar a produtividade dos trabalhadores do conhecimento de uma empresa e remover os obstáculos à codificação e à transferência do conhecimento. Mas não garantirá que a codificação e a transferência realmente ocorram.

Para que isso aconteça, os trabalhadores do conhecimento devem ser persuadidos a ir além. A P&G também se tornou líder nesse aspecto, ao encarregar seus principais executivos de codificar seu conhecimento. Desde 1837, a empresa tem sido um modelo como construtora de marca, mas por um longo tempo deixou a construção de marca como uma heurística a ser desenvolvida nas cabeças de executivos experientes e caros. O aprendizado da heurística costumava acontecer no contato direto com um ou mais executivos para absorver lentamente as regras não escritas.

A P&G finalmente decidiu que essa abordagem não era mais aceitável. Em 1999, Deborah Henretta, então gerente-geral de amaciantes de tecido, implementou um projeto para codificar a heurística de construção de marca da empresa — e, assim, aproximá-la de um algoritmo. A estrutura de construção de marca (apelidada de BBF 1.0) pretendia permitir que os jovens profissionais de marketing na organização aprendessem as técnicas de construção de marca com mais rapidez, reduzindo, assim, o tempo e o custo necessários para a tarefa. A BBF foi considerada suficientemente valiosa para ser ainda mais refinada, produzindo uma série de atualizações, incluindo uma em 2021.

A GBS tem se movido ativamente na mesma direção. Um exemplo de seus esforços envolve a intensiva preparação de mão de obra que os gestores de finanças e contabilidade (F&C) em cada uma das mais de vinte categorias da P&G realizaram antes do exercício anual de planejamento estratégico. Tradicionalmente, um gerente confiaria na experiência para determinar quais tipos de informações seriam úteis para a equipe da categoria na preparação para o trabalho de estratégia, coletaria essas informações de uma variedade de fontes e as organizaria de alguma forma.

A GBS, cujos sistemas de informação foram empregados para fornecer grande parte dos dados, notou um padrão de solicitações de certos tipos de dados em uma determinada época do ano por certos tipos de gestores. No devido tempo, verificou que os materiais preparatórios de todos esses gestores de F&C eram muito semelhantes em conteúdo e poderiam ser facilmente coletados pela GBS a partir de um algoritmo; na verdade, a maioria deles poderia ser coletada e processada por um software que a GBS havia criado. Em vez de gastar centenas de horas montando um pacote de dados, cada gestor poderia simplesmente enviar um e-mail para a GBS e pedir um pacote preparatório para o próximo processo de estratégia.

Obviamente, nem todo trabalho do conhecimento pode ser reduzido a algoritmos. Mas, com as tecnologias atuais de aprendizado de máquina, é possível ir muito longe nessa trilha. Em finanças e medicina, por exemplo, estamos vendo cada vez mais a aplicação da inteligência artificial na análise e até mesmo na tomada de decisão tradicionalmente deixadas para os seres humanos. Na China, a operação de empréstimos para pequenas empresas da Ant Financial toma decisões de empréstimo quase inteiramente por meio de software. Os algoritmos da empresa conseguem revisar as transações comerciais e as comunicações de um solicitante de empréstimo porque acessam os dados no Taobao, o site de comércio eletrônico de sua controladora, Alibaba. O site é capaz de usar esses dados para determinar uma classificação de crédito em tempo real, o que lhe permite processar o pedido em poucos minutos, quase sem custo. Na medicina, o exemplo emblemático é a radiografia, na qual a análise automática de imagens e raios-X está se mostrando altamente precisa no diagnóstico das condições do paciente.

Nenhuma organização do tamanho da P&G pode se tornar baseada em projetos da noite para o dia ou reduzir todas as heurísticas a um algoritmo. Nem deveriam; seria exagerado e muito disruptivo. Mas uma empresa com 100% de funções fixas é quase certamente obsoleta. Da mesma forma, o conhecimento na corporação moderna tem um ritmo próprio, e uma grande parte dos funcionários continuará a ser alocada na execução de heurísticas atuais. Mas, claramente, algumas pessoas são necessárias para desvendar o próximo *desconhecido*. A chave é investir recursos significativos dos trabalhadores do conhecimento em projetos que avancem o conhecimento. Só então as organizações conseguirão evitar ciclos compulsivos e, ao mesmo tempo, melhorar a produtividade de seus trabalhadores do conhecimento.*

---

* Este capítulo foi adaptado de Roger L. Martin, "Rethinking the Decision Factory", *Harvard Business Review*, outubro de 2013.

Funções Corporativas

Elas também precisam de estratégia.

"Por onde começamos?", perguntou Stephen. Recentemente nomeado chefe de inovação em uma grande e diversificada empresa de vestuário, Stephen havia sido encarregado de construir uma cultura de inovação em um conjunto de marcas bastante tradicional e focado em operações. Então, no final de um workshop de inovação, ele pediu conselhos sobre o ponto mais inteligente para começar.

A resposta? Pela estratégia. Começar articulando cuidadosamente as escolhas críticas enfrentadas pela função de inovação. Isso ajudaria sua equipe a entender para onde estava indo e como chegaria lá. Stephen revirou os olhos. "Não precisamos de uma estratégia para nossa equipe", disse ele. "As marcas nos amam. Sabem que precisam de nós. Criar uma estratégia seria uma perda de tempo — e já estamos sobrecarregados. Na verdade, temos mais trabalho do que podemos lidar."

E lá estava: a melhor razão para começar pela estratégia. A equipe de Stephen tinha mais trabalho do que conseguia lidar. Ele estava se esforçando ao máximo para atender à empresa e estava lutando para dar conta. Inevitavelmente, algumas tarefas estavam ficando para trás enquanto a equipe tentava fazer tudo para todos. Ao negar que precisava fazer escolhas estratégicas como chefe de uma função — sobre como sua equipe alocava recursos, o que priorizava, o que ignorava —, Stephen estava de fato fazendo uma escolha. Estava escolhendo não escolher. E, consequentemente, sua equipe não estava alcançando muitos resultados.

É uma dinâmica que tenho visto repetidas vezes ao trabalhar e estudar dezenas de empresas (incluindo algumas mencionadas neste capítulo) em uma variedade de setores. A maioria das empresas aceita a noção de que corporações e unidades de negócios precisam de estratégias. Os líderes podem não ser bons em criá-las — ou executá-las —, mas pelo menos reconhecem o valor de articular claramente como as empresas e os negócios terão sucesso em determinado objetivo. Para funções corporativas — organizações de serviços compartilhados, como TI, RH, P&D, finanças e assim por diante —, a necessidade de estratégia é menos compreendida. Em muitas empresas, as funções apenas existem, servindo à empresa de qualquer maneira e escala que as unidades de negócios exijam.

Isso me leva ao *único fato* que você precisa saber sobre as funções corporativas: *elas também precisam de estratégia*. E, se você não lhes der uma, elas acabarão recorrendo a um dos dois modelos organizacionais e culturais inconscientes, os quais provavelmente se tornarão um empecilho para o desempenho corporativo, em vez de um impulsionador. Neste capítulo, descreverei as duas estratégias inconscientes, explicarei por que elas são prejudiciais ao desempenho da empresa e apresentarei um processo de elaboração de estratégias que ajudará as funções a se alinharem com as estratégias corporativas e de negócios.

O que Acontece Se Você Não Escolher uma Estratégia?

Há um segredo sobre a estratégia que ninguém conta: toda organização tem uma, esteja ou não escrita e seja ou não o produto de um processo oficial de planejamento estratégico. Pode ser deduzida das ações que a organização realiza pois, essencialmente, a estratégia é a lógica que determina o que você escolhe fazer e não fazer a serviço de um objetivo específico. O objetivo pode estar implícito. Pode ter evoluído ao longo do tempo. As escolhas podem ter surgido sem discussão e exploração. As ações podem ser ineficazes para alcançar o objetivo. Mas a estratégia ainda existe.

Quando o departamento de finanças decreta que todos os investimentos devem ter um retorno em dinheiro dentro de sete anos, está fazendo uma escolha estratégica. Está apostando que os benefícios relativamente imediatos de um retorno rápido superarão os benefícios potenciais decorrentes de investimentos de longo prazo. Quando o departamento de TI decide terceirizar o desenvolvimento de aplicativos, está fazendo uma escolha estratégica. Está apostando que a redução de custos por meio da terceirização é uma maneira mais eficaz de criar valor do que a construção de aplicativos internamente. E, quando o RH escolhe padronizar as práticas de contratação em todo o mundo, está fazendo uma escolha estratégica. Está optando por buscar vantagens de escala a partir de uma abordagem compartilhada, em vez de benefícios (como agilidade e adaptação à cultura local) de personalização por região.

Será que realmente importa se tais escolhas são feitas sem uma estratégia explícita? Acredito que sim, porque, se você escolher de outra forma, a função provavelmente recorrerá a um dos dois padrões prejudiciais de comportamento.

Fazer tudo o que as unidades de negócios querem

Chamo isso de *estratégia servil*, e baseia-se na crença de que as funções servem ao prazer das unidades de negócios. Ou, como observou um CEO, "as unidades de negócios criam a estratégia; as funções as apoiam." Essa visão parece instintivamente correta para muitos gestores. Uma empresa existe para criar produtos e serviços para os clientes, de modo que as unidades de negócios, responsáveis por esses objetivos, direcionam corretamente a estratégia corporativa.

Mas não devemos esquecer que as funções também atendem aos clientes: as unidades de negócios que utilizam seus serviços. Funções que inconscientemente adotam a estratégia servil tentam ser tudo para todos. Como resultado, acabam sobrecarregadas e subestimadas. Elas se tornam indiferenciadas e reativas, perdendo sua capacidade de influenciar a empresa e acessar recursos. Têm dificuldades para recrutar e reter talentos, porque ninguém quer trabalhar para uma parte ineficaz da empresa.

Uma função corporativa servil vive sob a constante ameaça de se tornar redundante. Ela espalha seus recursos de forma muito ampla e, portanto, não atende a nenhuma unidade de negócios particularmente bem, às vezes levando as unidades a criar suas próprias capacidades funcionais ou a procurar um provedor terceirizado mais eficaz (ou pelo menos mais barato).

Colocar a função em primeiro lugar

A estratégia servil produz alguns resultados desastrosos para as pessoas que trabalham sob seus preceitos, por isso não é de admirar que muitos líderes de funções corporativas, especialmente em grandes organizações, adotem uma abordagem radicalmente diferente, que trata funções e unidades de negócios como iguais em termos de poder e importância.

Na *estratégia imperial*, os líderes colocam o trabalho da função em primeiro plano e prestam relativamente pouca atenção em como ela se alinha às necessidades dos negócios ou à estratégia geral da empresa. A equipe de TI cria um centro de excelência em aprendizado de máquina e análise de dados — porque é aí que a ação está em TI nos dias de hoje. A equipe de risco e compliance constrói um enorme aparato em torno da avaliação de risco e, em seguida, procura maneiras de se inserir na tomada de decisão corporativa sempre que possível. A equipe de finanças cria sistemas sofisticados de relatórios que geram montanhas de dados financeiros que podem ou não ser relevantes para o trabalho das unidades de negócios.

Todos os líderes de funções imperiais que conheci afirmam que suas iniciativas são ótimas para a empresa e seus negócios, mas raramente conseguem respaldar essa afirmação com qualquer evidência além de apontar para o exemplo estabelecido por empresas conhecidas pela excelência no domínio da função: benchmarking em TI do Google, finanças da Goldman Sachs, compras do Walmart e logística da FedEx. E então passam a imitá-las, independentemente de a estratégia de sua empresa se assemelhar à da referência. Enquanto isso, os gestores de linha frustrados reclamam que as funções desviam os recursos corporativos das unidades para atividades que fazem pouca diferença para a competitividade da empresa no mercado.

O resultado, não é de surpreender, é uma função que serve a si mesma e não a seus clientes, como um negócio monopolista faria. E, em algum nível, essas funções são monopólios: as unidades de negócios são frequentemente proibidas ou fortemente desencorajadas pela alta administração de usar fornecedores externos para RH, finanças ou outros serviços. O problema é que, quando assumem características imperiais, as funções acabam sendo presas fáceis para as piores tendências dos monopólios tradicionais: inchaço, arrogância e exagero. E, como a maioria dos monopólios, inevitavelmente experimentam uma reação adversa.

Não precisa ser assim. As funções corporativas podem e muitas vezes contribuem bastante para a vantagem competitiva de uma empresa. A função de pesquisa de produtos da Procter & Gamble, por exemplo, é essencial para ajudar a empresa a entender melhor seus clientes — uma fonte fundamental de sua vantagem competitiva e um impulsionador de suas escolhas estratégicas. Da mesma forma, a função logística da WestRock, fabricante de papel e embalagens, desempenha um papel central na condução das inovações na entrega flexível e personalizada que deram à empresa uma vantagem sobre seus concorrentes.

Para seguir o exemplo, as funções devem evitar estratégias inconscientes e, em vez disso, fazer escolhas claras, focadas e explícitas destinadas a fortalecer e salvaguardar as capacidades que diferenciam sua empresa no mercado.

Como Criar uma Estratégia Funcional Eficaz

As duas primeiras questões que um líder de funções corporativas deve explorar ao montar uma estratégia estão relacionadas à definição do problema: primeiro, qual é a estratégia atual implícita da função, refletida nas escolhas que ela faz todos os dias? E, segundo, quais são as prioridades estratégicas do resto da corporação — a função é fundamental para elas?

Fazer essas perguntas força os líderes de funções a confrontar o que está funcionando sobre sua estratégia atual e o que não está (implícito ou explícito). Talvez haja desconexões entre sua estratégia e a da empresa, tornando as escolhas da função desalinhadas com as necessidades organizacionais. Na tentativa de servir todas as partes da empresa, a função pode deixar de atender às mais fundamentais para o seu sucesso. Ou talvez a função não esteja ajudando a empresa a desenvolver as capacidades organizacionais certas para cumprir a estratégia corporativa.

Embora esse exercício seja importante como um primeiro passo, não se demore muito nessas questões. Muitas vezes, há uma tentação de fazer uma grande quantidade de pesquisa — documentando detalhadamente o que sua organização está fazendo, o que as funções dos concorrentes estão fazendo e assim por diante. Explorar maneiras de resolver um problema é muito mais valioso do que ficar obcecado com ele. Uma expectativa razoável é que um grupo de pessoas inteligentes, usando o conhecimento existente, seja capaz de responder às duas perguntas em nível suficientemente bom após algumas horas de discussão. Por exemplo, não seria preciso muita análise para que os executivos de uma empresa automotiva determinassem se o principal desafio de sua empresa era a segurança e a confiabilidade ou a marca e o design.

Uma vez alcançado o consenso em torno do status quo, o próximo passo é considerar alternativas a ele. Isso envolve responder a outro par de perguntas inter-relacionadas.

Onde jogar?

Para as funções, essa questão é relativamente simples. Os líderes devem identificar seus principais clientes dentro da empresa (que devem ser as unidades mais importantes para a estratégia geral da empresa); a oferta principal da função para esses clientes (que deve estar intimamente relacionada à vantagem competitiva da empresa); que parte dessa oferta será terceirizada; e que parte será entregue pela própria função.

Digamos que uma função de RH tenha identificado seu principal problema como a falta de criatividade de design em toda a empresa. Então, pode determinar que seus principais clientes são CEOs de unidades de negócios, sua principal oferta de valor é recrutar e desenvolver jovens designers e sua principal capacidade interna é o reconhecimento de talentos em design. Pode optar por terceirizar o aprendizado e o desenvolvimento para parceiros de negócios e escolas de design de alto nível e contar com agências externas para recrutamento e treinamento administrativo.

Ao determinar onde jogar, diferentes funções podem se concentrar em diferentes partes da estratégia corporativa. Considere uma empresa de plataforma digital que busca um crescimento agressivo na China e na Ásia. Sua função de RH provavelmente deve se concentrar nesse desafio, mas a função de risco e compliance pode se concentrar mais nas regulamentações da UE, cujas mudanças de políticas podem ameaçar a atividade principal da empresa.

Como vencer?

Para estrategistas corporativos ou de unidades de negócios, determinar como vencer é relativamente simples: ofereça aos clientes uma proposta de valor que seja melhor do que a das empresas que concorrem por esses clientes. A General Electric precisa descobrir como fornecer melhor valor aos seus clientes empresariais do que a Siemens; a Coca-Cola precisa fornecer melhor valor aos consumidores de refrigerante do que a Pepsi. Em cada um desses casos, o concorrente é fácil de identificar, e sua proposta de valor e modelo de negócios podem ser deduzidos pela observação dos produtos e preços no mercado e pelo estudo dos seus relatórios financeiros.

Com as funções, a questão de como vencer é mais desafiadora. Nem sempre é fácil descobrir o valor relativo de uma determinada função para uma empresa. Embora a Verizon provavelmente consiga fazer um bom trabalho ao estimar o valor fornecido por sua função de rede versus a função de rede da T-Mobile, certamente teria mais dificuldade em diferenciar os valores relativos das funções de RH ou finanças das duas empresas. Além disso, as funções de uma empresa não estão realmente competindo diretamente com as funções de outras empresas do mesmo setor. Isso porque as empresas concorrentes podem ter estratégias muito diferentes, que exigem capacidades diferentes. O RH pode ser extremamente valioso para uma empresa, enquanto as finanças são muito valiosas para outra. A função de RH em uma empresa orientada por RH não deveria usar como referência o RH de uma empresa orientada por finanças. As funções devem se comparar com as funções de outras empresas somente se as estratégias das empresas forem semelhantes. Da mesma forma, não faria sentido uma comparação entre RH e finanças. Muitas vezes, a referência apropriada é um provedor terceirizado.

Para ilustrar esse tipo de estratégia, vamos analisar a gestão de talentos no Four Seasons Hotels and Resorts.

Estratégia de Talentos no Four Seasons

Há décadas, o cerne da estratégia corporativa do Four Seasons tem sido sua capacidade de definir luxo como serviço: fazer com que os hóspedes se sintam bem-vindos, felizes e completamente em casa. Em seu livro de 2009, Isadore Sharp, o fundador, aponta os funcionários da empresa como a força motriz dessa estratégia: "[Nossa equipe de longo prazo] estava focada em mais do que seus empregos; estava preocupada com o conforto dos hóspedes e com a própria capacidade de aprimorá-lo. E nossa capacidade de atrair, desenvolver, motivar e reter essas pessoas fez da nossa cultura uma vantagem rara."

De fato, a função de talentos do Four Seasons desempenha um papel crucial na geração de sua vantagem competitiva. Se olharmos para o que Sharp e a equipe de talentos fizeram através de nossa lente de estratégia funcional, podemos ver como eles definiram o problema e as escolhas que fizeram para resolvê-lo.

Definindo o problema

Os custos de mão de obra no setor hoteleiro, como na maioria dos setores baseados em serviços, representam uma grande parcela dos custos operacionais (atualmente cerca de 50%). Consequentemente, a maioria das cadeias hoteleiras trata a mão de obra como um custo a ser minimizado. Os funcionários da linha de frente são tratados como engrenagens substituíveis em uma máquina gigantesca e ágil. Não é de admirar, então, que — de acordo com dados estatísticos referentes à mão de obra nos Estados Unidos — a taxa anualizada de rotatividade de funcionários no setor em 2018 (ou seja, pré-Covid-19) tenha sido de 73,8%.

Com uma rotatividade de funcionários de linha de frente tão alta, a maioria das grandes cadeias concentra seus esforços de contratação na obtenção de bons gerentes-gerais (que provavelmente permanecerão mais tempo) e, em seguida, constrói mecanismos para contratar rapidamente muitos novos funcionários de nível básico a cada ano. As grandes cadeias hoteleiras raramente investem muito na retenção da linha de frente, pois ela é vista como uma causa perdida; a enorme taxa de rotatividade é tratada como algo inevitável.

Assim, essas empresas se concentram no corte de custos ao abordar questões referentes à mão de obra: redução de jornada das equipes, padronização para aumentar a produtividade e assim por diante. (Veja o quadro "O Território que a Estratégia Deixou para Trás".)

Quando ingressou no setor de hospitalidade, Sharp encontrou todas essas normas em operação. Mas lentamente começou a desafiá-las. Na época, as cadeias hoteleiras definiam o luxo principalmente em termos de espaço: arquitetura e decoração grandiosas, complementadas por um serviço altamente padronizado e prestativo. Sharp acreditava que o luxo não era apenas uma questão de espaço, mas também de como as pessoas eram tratadas. E a equipe da linha de frente seria a chave para oferecer uma nova forma de serviço que fosse calorosa, acolhedora e capaz de substituir o sistema de apoio que os hóspedes deixaram em casa e no escritório.

A estratégia de talentos padrão na hotelaria (aceitar a rotatividade da linha de frente como inevitável e trabalhar para mitigá-la; investir em retenção e desenvolvimento apenas para a equipe de gerentes-gerais) não funcionaria com a nova visão de Sharp. À medida que a empresa crescia, a equipe de talentos precisava fazer um conjunto de escolhas que se alinhasse com a estratégia da empresa e construísse a capacidade de serviço da linha de frente.

O Território que a Estratégia Deixou para Trás

Na primeira metade do século XX, as grandes corporações do mundo estavam quase todas organizadas em torno de funções, incluindo manufatura, marketing, RH e finanças. Mas, a partir do final da década de 1950 até a década de 1960, a maioria mudou para uma estrutura organizada em torno de unidades de negócios centradas em produtos, em resposta à necessidade de cada linha ter uma estratégia clara e responsabilidade para vencer produtos e marcas competitivas.

À medida que as empresas cresciam em escala e escopo, tornou-se difícil ter o *head* de manufatura, o *head* de marketing e o *head* de vendas fazendo malabarismos com a peça específica de cada linha de produtos. Surgiu uma nova estrutura corporativa, na qual as unidades de negócios da linha de produtos desenvolveram suas próprias funções independentes. Cada unidade de negócios ou equipe de produtos passou a executar seu próprio trabalho de RH, contabilidade financeira, tarefas de pesquisa e desenvolvimento e serviços de suporte logístico, dando origem à forma de conglomerado de organização empresarial popular nas décadas de 1970 e 1980.

Com o tempo, o pêndulo recuou, pois ficou claro que a estrutura do conglomerado não conseguiu agregar valor suficiente às empresas para superar os custos de manutenção de todas essas funções individuais. As corporações começaram a recentralizar muitas atividades funcionais, possibilitando maior especialização, eficiência e consistência em cada área.

Essas funções centralizadas foram criadas para gerar eficiência de custo ou valor de maneiras que não ocorreriam se os serviços fossem executados de forma descentralizada e em menor escala. Segundo a teoria, a compra seria mais barata, o recrutamento global seria mais eficiente e a P&D seria mais eficaz em escala. Marketing, RH e finanças seriam mais consistentes em todos os negócios. Infelizmente, ao longo dessa evolução, as questões sobre o que essas funções devem (e não devem) fazer e como devem pensar sobre a estratégia foram em grande parte deixadas sem resposta. A prática da estratégia de negócios só tomou forma na década de 1960, quando a transição para as estruturas organizacionais de linhas de produtos foi praticamente concluída.

Como consequência, a teoria e a prática da estratégia se concentraram inteiramente nas linhas de produtos, e as funções foram o território que a estratégia deixou para trás.

Determinando onde jogar e como ganhar

A equipe de talentos do Four Seasons identificou a linha de frente como seu cliente interno e se concentrou em contratar, reter e motivar esses funcionários de maneiras que diferenciassem a empresa dos concorrentes. Em vez de contratar por currículo ou por meio de recrutadores terceirizados, Sharp empregou os recursos necessários para que os candidatos passassem por cinco entrevistas — a última com o gerente-geral do hotel — antes de serem contratados. Esse processo gerou um quadro de funcionários examinado de forma mais minuciosa, contratado pela atitude, e não pela experiência.

A equipe de talentos também investiu na ampliação da permanência dos funcionários, tornando os trabalhos de nível básico o ponto de partida de uma carreira, em vez de um beco sem saída.

Isso produziu um círculo virtuoso: se a permanência média no Four Seasons se aproximasse de vinte anos, a equipe de talentos poderia investir dez vezes mais recursos por pessoa em contratação, treinamento e recompensas do que os concorrentes, cujos funcionários tendiam a permanecer por um ano ou menos. O resultado para o Four Seasons seria funcionários de hotelaria mais bem treinados e mais experientes, sem maiores custos de talentos em geral.

Sob o comando de Sharp, o Four Seasons conseguiu funcionários mais felizes, mais leais, mais capazes e mais duradouros — permitindo que a empresa oferecesse um serviço superior e ganhasse prêmios de preço líder. O hotel construiu sistemas rigorosos para garantir que suas capacidades de serviço estivessem sempre presentes. Seu sistema de recrutamento e contratação foi formalizado e dimensionado. Seus sistemas de treinamento se tornaram lendários. O Four Seasons prosperou sob a gestão de Sharp, tornando-se a maior e mais rentável cadeia de hotéis de luxo do mundo. E sua estratégia de talentos foi um elemento crucial para esse sucesso.

Construindo Estratégias para Funções de Apoio

Nem todas as estratégias funcionais estão tão diretamente ligadas à vantagem competitiva de uma empresa quanto a função de talentos no Four Seasons. Nos casos em que a conexão é mais tênue, ainda é importante entender as escolhas da função e o papel que ela desempenha para ajudar a empresa a vencer em geral. Em termos mais simples, as funções de suporte precisam operar de maneira eficiente e econômica que permita à empresa investir em suas fontes de vantagem competitiva. Se as funções de suporte não fizerem boas escolhas, colocam a estratégia geral da empresa em risco.

Considere uma típica função de risco e compliance. Para algumas empresas, a avaliação e mitigação de riscos superiores é uma fonte de vantagem competitiva. Mas, para a maioria, esse não é o caso, mesmo que a função seja essencial para manter a empresa nos negócios. Para uma típica função de risco, o problema da estratégia pode ser definido de várias maneiras. Pode ser uma questão de padrões: como garantir que o treinamento de compliance seja suficiente para evitar desastres e manter a empresa fora das notícias? Ou pode girar em torno de questões de stakeholders: como podemos ajudar a construir a reputação da empresa com os investidores? Ou ainda, como podemos ajudar nossos gestores a entender e quantificar os riscos operacionais?

A função também tem escolhas sobre a quem servir e com que oferta. Por exemplo, pode optar por servir os funcionários da linha de frente ou os líderes da unidade de negócios — o CEO ou o conselho de administração. Pode enxergar todos esses grupos como clientes em potencial, mas deve determinar qual é o consumidor principal que deseja conquistar. Uma unidade de compliance que vê os principais riscos da empresa como questões de saúde e segurança, por exemplo, pode querer se concentrar nos gerentes que administram as fábricas. Pode optar por se concentrar em fornecer experiência aos gerentes que tomam decisões operacionais (sobre o layout da fábrica, digamos, ou a escolha do equipamento a ser usado) ou treinamento de compliance para os trabalhadores.

Os dilemas de como vencer são semelhantes. Uma função de compliance que apoie os tomadores de decisão preocupados com a segurança poderia vencer ao desenvolver relacionamentos confiáveis com esses tomadores de decisão, em um nível mais profundo em vez de mais amplo, de modo que a função seja vista como uma parceira confiável da tomada de decisão de alto nível. Ou poderia vencer ao criar treinamento de compliance online individualizado para os funcionários em um formato de alto impacto, mas orientado para a escala, permitindo que o gestor de tomada de decisão aumente a frequência de intervenções de conscientização de risco sem incorrer em custos e tempo significativos, típicos dos esforços de treinamento convencionais ou softwares de treinamento prontos para uso.

As funções não precisam ser servas dos senhores corporativos, nem devem ser pequenos tiranos construindo seus próprios impérios. Tal como suas contrapartes da unidade de negócios, as funções podem usar a estratégia para orientar e alinhar suas ações, alocar recursos de forma mais eficaz e aumentar drasticamente o valor competitivo que fornecem. Assim como o restante da empresa, elas fazem escolhas todos os dias e, ao desenvolver uma estratégia coerente para orientá-las, podem se tornar motores vitais do negócio.*

---

* Este capítulo foi adaptado de Roger L. Martin e Jennifer Riel, "The One Thing You Need to Know About Managing Functions", *Harvard Business Review*, julho-agosto de 2019.

PARTE 4
Atividades-chave

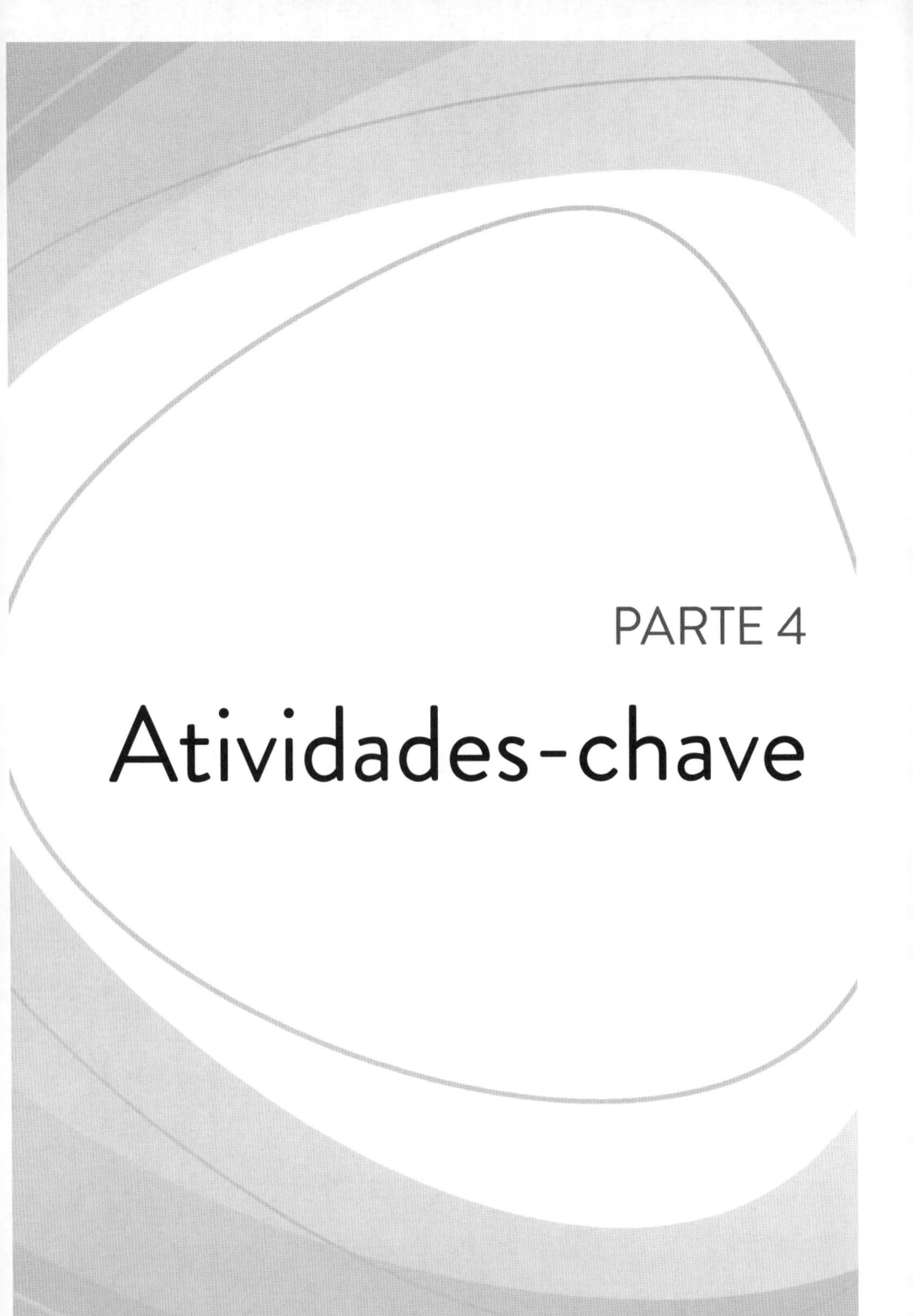

Planejamento

Reconheça que o planejamento não substitui a estratégia.

Todos os executivos sabem que estratégia é importante. Mas quase todos também a acham assustadora, pois os força a confrontar um futuro que só pode ser imaginado. Pior ainda, na verdade, escolher uma estratégia envolve tomar decisões que explicitamente reduzem possibilidades e opções. Um executivo também pode temer que tomar essas decisões erradas arruíne sua carreira.

A reação natural é tornar o desafio menos intimidante ao transformá-lo em um problema que pode ser resolvido com ferramentas experimentadas e testadas. Isso quase sempre significa gastar semanas ou até meses preparando um plano abrangente de como a empresa investirá nos ativos e capacidades existentes e novos para alcançar um objetivo — uma maior parcela de mercado, digamos, ou uma parcela em algum outro mercado. O plano normalmente é apoiado com planilhas detalhadas que projetam custos e receita bem no futuro. Ao final do processo, todos sentem muito menos medo.

É exatamente por isso que você precisa saber uma verdade muito importante: *o planejamento não substitui a estratégia*. O planejamento pode ser uma forma excelente de lidar com o medo e o desconhecido, mas medo e desconforto são parte essencial de se fazer estratégia. Na verdade, se você estiver inteiramente confortável com sua estratégia, há uma forte chance de que ela não seja muito boa. Provavelmente você está preso em uma ou mais armadilhas que discuto neste capítulo. Você precisa estar desconfortável e apreensivo: a verdadeira estratégia é fazer apostas e escolhas difíceis. O objetivo não é eliminar o risco, mas aumentar as chances de sucesso.

Nessa visão de mundo, os gestores aceitam que uma boa estratégia não é produto de horas de pesquisa cuidadosa e modelagem que leve a uma conclusão inevitável e quase perfeita. Em vez disso, é o resultado de um processo simples e bastante improvisado de pensamento sobre o que seria necessário para alcançar o que você deseja e depois avaliar se é factível. Se executivos adotarem essa definição, então talvez, apenas talvez, possam manter a estratégia onde ela deveria estar: fora da zona de conforto.

Armadilha de Conforto 1: Fazer um Plano

Praticamente toda vez que a palavra *estratégia* é usada, vem acompanhada de alguma forma da palavra *plano*, tal como "planejamento estratégico" ou seu resultado "plano estratégico". O sutil desvio da estratégia para o planejamento ocorre porque este é um exercício detalhadamente factível e confortável.

Todos os planos estratégicos tendem a ser muito parecidos. Normalmente, têm três partes principais. A primeira é uma declaração de visão ou missão que estabelece uma meta relativamente elevada e ambiciosa. A segunda é uma lista de iniciativas — como lançamentos de produto, expansões geográficas e projetos de construção — que a organização executará em busca da meta. Essa parte do plano estratégico tende a ser muito organizada, mas também muito longa. O tamanho da lista geralmente é limitado apenas pela viabilidade.

O terceiro elemento é a conversão das iniciativas em resultados financeiros. Dessa forma, o plano se encaixa perfeitamente no orçamento anual. Planos estratégicos se tornam a parte descritiva do orçamento, frequentemente projetando cinco anos de resultados financeiros de modo a parecerem "estratégicos". Mas a gestão normalmente se compromete apenas com o primeiro ano; no contexto do segundo até o quinto ano, "estratégico", na verdade, significa "abstrato".

Esse exercício provavelmente gera orçamentos mais pensados e detalhados. Contudo, não deve ser confundido com estratégia. O planejamento normalmente não é explícito sobre o que a organização escolhe fazer e por quê. Não questiona suposições. E a lógica dominante é a viabilidade; o plano consiste de quaisquer iniciativas que se ajustem aos recursos da empresa.

Confundir planejamento com estratégia é uma armadilha comum. Até os membros do conselho, que precisam manter os gestores realistas sobre a estratégia, caem nela. Afinal, eles são em grande parte gestores atuais ou antigos, que acham mais seguro supervisionar o planejamento do que encorajar a escolha estratégica. Além disso, Wall Street está mais interessada nas metas de curto prazo descritas nos planos do que nas metas de longo prazo focadas na estratégia. Os analistas se debruçam sobre planos para avaliar se as empresas podem atender às suas metas trimestrais.

Armadilha de Conforto 2: Concentrar-se nos Custos

O foco no planejamento leva intuitivamente ao pensamento baseado em custo. Os custos se prestam maravilhosamente ao planejamento, pois, em geral, estão sob o controle da empresa. Para a vasta maioria dos custos, a empresa assume o papel de cliente. Ela decide quantos funcionários contratar, quantos metros quadrados de imóveis alugar, quantas máquinas adquirir, quanta publicidade divulgar e assim por diante. Em alguns casos, uma empresa pode, assim como um cliente, decidir parar de comprar uma determinada mercadoria ou serviço, e até custos de demissões ou encerramento de atividades podem estar sob o seu controle.

É claro que há exceções. Agências governamentais determinam que as empresas precisam repassar os impostos descontados na folha de pagamento de todos os funcionários e adquirir uma certa quantidade de serviços de compliance. Mas as exceções confirmam a regra: os custos impingidos à empresa por terceiros compõem uma fração relativamente pequena do custo geral, e a maioria é derivada de custos controlados pela empresa. (Impostos sobre a folha de pagamento, por exemplo, são incorridos apenas quando a empresa decide contratar um funcionário.)

Os custos são um terreno confortável, pois podem ser planejados com relativa precisão. Esse é um exercício importante e útil. Muitas empresas são prejudicadas ou destruídas quando deixam que os custos fujam do controle.

O problema é que gestores orientados ao planejamento tendem a aplicar as abordagens familiares e confortáveis usadas para os custos também para a receita, tratando o planejamento da receita idêntico ao dos custos e como um componente igualitário do plano geral e do orçamento. Com muita frequência, o resultado é um trabalho meticuloso para se construir planos de receita para cada vendedor, produto, canal e região.

Mas, quando a receita planejada não aparece, os gestores se sentem confusos e até aflitos. "O que mais poderíamos ter feito?", perguntam. "Gastamos milhares e milhares de horas planejando."

Há um simples motivo pelo qual o planejamento de receita não tem o mesmo resultado desejado que o planejamento de custo. No caso dos custos, as decisões são da empresa. Na receita, os clientes é que estão no comando. Exceto no raro caso de monopólios, os clientes têm o livre-arbítrio de decidir se vão dar receita à empresa, aos seus concorrentes ou a ninguém. As empresas podem se enganar pensando que a receita está sob o seu controle, mas, na medida em que não é conhecida nem controlável, o planejamento, o orçamento e a previsão passam a ser um exercício de abstração.

É claro que o planejamento de receita de curto prazo é muito mais fácil para as empresas que têm contratos de longo prazo com clientes. Por exemplo, para a Thomson Reuters, provedora de informações de negócio, o grosso da sua receita a cada ano vem de assinaturas plurianuais. A única quantidade variável no plano de receita é a diferença entre novas vendas de assinatura e cancelamentos no final dos contratos existentes. De forma semelhante, se uma empresa tiver uma longa carteira de pedidos, como a Boeing, ela conseguirá prever a receita com mais precisão, apesar de as tribulações do Boeing 737 MAX demonstrarem que até "pedidos firmes" não se convertem automaticamente em receita futura. Em prazos mais longos, o controle de toda receita é do cliente.

O resultado, portanto, é que a previsibilidade dos custos é fundamentalmente diferente da previsibilidade da receita. O planejamento não consegue nem nunca fará a receita aparecer magicamente, e o esforço que você gasta criando planos de receita é uma distração do trabalho muito mais difícil do estrategista: encontrar formas de adquirir e manter clientes.

Armadilha de Conforto 3: Estruturas de Estratégia Autorreferenciais

Essa armadilha talvez seja a mais traiçoeira, pois pode atrair até gerentes que, tendo evitado com sucesso as armadilhas de planejamento e custo, estão tentando construir uma estratégia verdadeira. Ao identificar e articular uma estratégia, a maioria dos executivos adota uma das inúmeras estruturas padrão. Infelizmente, duas das mais populares podem levar o usuário ingênuo a projetar uma estratégia inteiramente ao redor do que a empresa pode controlar.

Em 1978, Henry Mintzberg publicou um influente artigo na *Management Science* que introduziu o termo *estratégia emergente*, um conceito mais tarde popularizado para o público de negócios não acadêmico mais amplo em seu proeminente livro, *Ascensão e Queda do Planejamento Estratégico*, de 1994. A percepção de Mintzberg foi simples, porém muito poderosa. Ele distinguiu a *estratégia deliberada*, que é intencional, da estratégia emergente, que não é baseada em uma intenção original, mas consiste nas respostas da organização a uma variedade de eventos imprevistos.

O pensamento de Mintzberg foi formado a partir da observação de que gestores superestimam a própria capacidade de prever o futuro e de planejá-lo de uma forma precisa e tecnocrática. Ao fazer a distinção entre estratégia deliberada e emergente, ele quis encorajar gestores a observar cuidadosamente mudanças no seu ambiente e fazer correções de curso na estratégia deliberada, conforme o caso. Além disso, ele avisou sobre os perigos de se manter uma estratégia fixa diante de mudanças substanciais no ambiente competitivo.

Tudo isso são conselhos sensatos que todo gestor deveria seguir. Contudo, a maioria não segue. Em vez disso, grande parte usa a ideia de que uma estratégia emerge à medida que eventos se desenvolvem como uma justificativa para declarar o futuro como sendo tão imprevisível e volátil que não faz sentido fazer escolhas estratégicas até que o futuro se torne suficientemente claro. Observe como essa interpretação é reconfortante: não há mais necessidade de tomar decisões angustiadas sobre questões incognoscíveis e incontroláveis.

Um pequeno aprofundamento nessa lógica revela algumas falhas perigosas. Se o futuro for imprevisível e volátil demais para se fazer escolhas estratégicas, o que levaria um gestor a acreditar que passou a ser significativamente menos imprevisível? E como esse gestor reconheceria o ponto no qual a previsibilidade é alta o suficiente e a volatilidade é baixa o bastante para começar a fazer escolhas? Claro, a premissa é insustentável: não haverá um momento em que alguém possa ter certeza de que o futuro é previsível.

Assim, o conceito de estratégia emergente simplesmente se tornou uma desculpa útil para evitar difíceis escolhas estratégicas, para replicar como "seguidoras rápidas" as escolhas que parecem ter sucesso em outras empresas e para desviar qualquer criticismo por não estabelecer uma direção rígida. Simplesmente seguir as escolhas dos concorrentes nunca produzirá uma vantagem única e valiosa. Nada disso era o que Mintzberg pretendia, mas é um resultado comum dessa estrutura, pois funciona na zona de conforto dos gestores.

Em 1984, seis anos depois do artigo original de Mintzberg apresentando a estratégia emergente, Birger Wernerfelt escreveu "A Resource-Based View of the Firm", que estabeleceu outro conceito abraçado entusiasticamente em estratégia. Mas apenas em 1990, quando C. K. Prahalad e Gary Hamel escreveram um dos artigos da HBR mais lidos de todos os tempos, "The Core Competence of the Corporation", a visão baseada em recursos (VBR) de Wernerfelt foi amplamente popularizada entre gestores.

A VBR defende que a chave para a vantagem competitiva de uma empresa é a posse de capacidades valiosas, raras, inimitáveis e insubstituíveis. Esse conceito tornou-se extraordinariamente chamativo para executivos, pois parecia sugerir que a estratégia era a identificação e construção de "competências centrais" ou "capacidades estratégicas". Observe que isso se encaixa convenientemente no reino do cognoscível e do controlável. Qualquer empresa pode construir uma força de vendas técnica, um laboratório de desenvolvimento de software ou uma rede de distribuição e declará-la uma competência central. Executivos podem confortavelmente investir nessas capacidades e controlar toda a experiência. E, dentro do razoável, garantir o sucesso.

O problema, é claro, é que as próprias capacidades não convencem um cliente a comprar. Apenas aqueles que produzem uma equação de valor superior para um conjunto particular de clientes conseguem isso. Mas clientes e contexto são tanto desconhecidos quanto incontroláveis. Muitos executivos preferem focar capacidades que possam — com certeza — ser construídas. E, se elas não gerarem sucesso, clientes caprichosos ou concorrentes irracionais podem assumir a culpa.

Escapando das Armadilhas

É fácil identificar empresas que caíram nessas armadilhas. (Veja o quadro "Você Está Preso na Zona de Conforto do Planejamento?") Nessas empresas, os conselhos tendem a se sentir altamente confortáveis com os planejadores e passam muito tempo revisando e aprovando seu trabalho. A discussão nas reuniões de gestão e do conselho tende a focar como espremer mais lucro da receita existente do que como gerar nova receita. As métricas principais têm a ver com finanças e capacidades; aquelas que lidam com a satisfação do cliente ou participação de mercado (especialmente mudanças nesta última) ficam em segundo plano.

Como uma empresa pode escapar dessas armadilhas? Como o problema está enraizado na aversão natural das pessoas para o desconforto e medo, o único remédio é adotar uma disciplina sobre criar uma estratégia que o reconcilie com a experiência do medo. Isso envolve garantir que o processo de fazer estratégia esteja em conformidade com três regras básicas. Manter as regras não é fácil — a zona de conforto sempre será sedutora — e não necessariamente resultará em uma estratégia de sucesso. Mas, se você puder segui-las, pelo menos terá certeza de que sua estratégia não será ruim.

Você está Preso na Zona de Conforto do Planejamento?

Provavelmente sim: Você tem um grande grupo de planejamento estratégico corporativo.

Provavelmente não: Se você tiver um grupo de estratégia corporativa, ele é minúsculo.

Provavelmente sim: Além do lucro, suas métricas de desempenho mais importantes são baseadas em custos e capacidades.

Provavelmente não: Além do lucro, suas métricas de desempenho mais importantes são a satisfação do cliente e a participação de mercado.

Provavelmente sim: A estratégia é apresentada ao conselho por sua equipe de planejamento estratégico.

Provavelmente não: A estratégia é apresentada ao conselho por sua equipe de planejamento estratégico.

Provavelmente sim: Os membros do conselho insistem em uma prova de que a estratégia terá sucesso antes de aprová-la.

Provavelmente não: Os membros do conselho pedem uma descrição completa dos riscos envolvidos em uma estratégia antes de aprová-la.

Regra 1: Faça uma declaração de estratégia simples

Foque sua energia nas escolhas que influenciam os tomadores de decisão que geram receita — ou seja, os clientes. São eles quem vão decidir gastar o dinheiro deles com a sua empresa, se a sua proposição de valor for superior à dos concorrentes. Duas escolhas determinam o sucesso: a decisão de onde atuar (que clientes específicos almejar) e a decisão de como vencer (como criar uma proposição de valor convincente para esses clientes). Se um cliente não estiver no segmento ou na área onde a empresa escolhe atuar, provavelmente nem estará ciente da disponibilidade e da natureza de sua oferta. Se a empresa se conectar com esse cliente, a escolha de como vencer determinará se ele achará a equação de valor almejado da oferta convincente.

Se uma estratégia envolver apenas essas duas decisões, não precisará da produção de documentos de planejamento longos e tediosos. Não há motivo pelo qual as escolhas estratégicas de uma empresa não possam ser resumidas em uma página com palavras e conceitos simples. Descrever as escolhas-chave como "onde atuar" e "como vencer" possibilita uma discussão mais fundamentada e aumenta a probabilidade que gerentes lidem com os desafios estratégicos enfrentados pela empresa em vez de se recolherem na zona de conforto do planejamento.

Regra 2: Reconheça que estratégia não envolve perfeição

Conforme observado, gestores inconscientemente sentem que a estratégia deveria alcançar o poder de precisão e a previsão do planejamento de custo — em outras palavras, deveria ser quase perfeita. Mas, considerando que estratégia envolve principalmente a receita em vez do custo, a perfeição é um padrão impossível. Na melhor hipótese, portanto, a estratégia aumenta as chances das apostas de uma empresa. Os gestores precisam internalizar o fato de que não devem se intimidar pelo processo de criar a estratégia.

Para isso acontecer, conselhos e reguladores precisam reforçar, e não minar, a noção de que estratégia envolve uma aposta. Toda vez que o conselho pergunta aos gestores se eles têm certeza sobre a sua estratégia ou os reguladores exigem que eles certifiquem a rigidez dos seus processos de tomada de decisão estratégica, há um enfraquecimento da verdadeira criação da estratégia. Não importa quanto conselhos e reguladores possam querer que o mundo seja previsível e controlável, simplesmente não é assim que funciona. Até aceitarem isso, estarão planejando em vez de fazendo estratégia — e haverá muitas desculpas ao longo do tempo sobre por que a receita não se concretizou.

Regra 3: Torne a lógica explícita

A única maneira segura de melhorar a taxa de acertos de suas escolhas estratégicas é testar a lógica do seu pensamento: para que suas escolhas façam sentido, no que você precisa acreditar sobre os clientes, sobre a evolução de seu setor, sobre a concorrência, sobre suas capacidades? É fundamental anotar as respostas para essas perguntas, pois a mente humana naturalmente reescreve a história e declarará ao mundo que tudo ocorreu conforme o planejado em vez de lembrar como as apostas estratégicas foram realmente feitas e por quê. Se a lógica for registrada e depois comparada a eventos reais, os gestores podem ver rapidamente quando e como a estratégia não está produzindo o resultado desejado e fazer os ajustes necessários — assim como Henry Mintzberg vislumbrou. Além disso, ao observar com algum nível de rigor o que funciona e o que não funciona, os gestores poderão melhorar sua tomada de decisão estratégica.

Conforme os gestores aplicarem essas regras, seu medo de fazer escolhas estratégicas diminuirá. Isso é bom — mas só até certo ponto. Se uma empresa estiver completamente confortável com suas escolhas, corre o risco de perder importantes mudanças ao seu redor. Argumentei que planejamento, gestão de custos e foco nas capacidades são armadilhas perigosas para quem elabora a estratégia. Mesmo assim, essas atividades são essenciais; nenhuma empresa pode negligenciá-las. Pois, se é a estratégia que convence os clientes a fornecer receita à empresa, então planejamento, controle de custo e capacidades determinam se a receita pode ser obtida a um preço que seja lucrativo para a empresa. Contudo, em se tratando de natureza humana, o planejamento e as outras atividades sempre dominarão a estratégia ao invés de servi-la — a menos que seja feito um esforço consciente para evitar isso. Se você estiver confortável com a estratégia da sua empresa, é provável que não esteja fazendo esse esforço.*

---

* Este capítulo foi adaptado de Roger L. Martin, "The Big Lie of Strategic Planning", *Harvard Business Review*, janeiro-fevereiro de 2014.

10

Execução

Aceite que execução é o mesmo que estratégia.

A ideia de que a execução é distinta da estratégia tornou-se algo firmemente enraizado no pensamento gerencial nas últimas duas décadas. De onde vem a ideia não se sabe ao certo, mas em 2002, no rescaldo da bolha das pontocom, Jamie Dimon, agora CEO do JPMorgan Chase, opinou: "Eu prefiro sempre uma execução de primeira classe e uma estratégia de segunda classe a uma ideia brilhante e uma gestão medíocre." No mesmo ano, Larry Bossidy, ex-CEO da AlliedSignal e coautor do best-seller *Execução: A disciplina para atingir resultados*, argumentou: "As estratégias falham na maioria das vezes porque não são bem executadas."

Mas a doutrina de que a execução é a chave para o sucesso de uma estratégia é tão falha quanto popular (e a popularidade nos desencoraja de questionar a validade do princípio). Vamos supor que você tenha uma teoria de que objetos celestes giram em torno da Terra. Cada vez mais, você descobre que essa teoria não prevê muito bem o movimento das estrelas e dos planetas. É mais racional responder questionando a teoria de que o universo gira em torno da Terra ou continuar postulando explicações cada vez mais complicadas, confusas e improváveis para a discrepância? Aplicar a doutrina de Dimon e Bossidy em vez da navalha de Occam faria você entrar em muitos círculos desnecessários e inúteis. Infelizmente, isso é o que acontece quando as pessoas tentam entender por que sua estratégia está fracassando, especialmente quando as empresas de consultoria estão envolvidas. Na verdade, a abordagem de Dimon e Bossidy pode ser uma dádiva divina para essas empresas, pois lhes permite culpar seus clientes por quaisquer erros que possam cometer. Essas consultorias podem alegar: "Não será a nossa consultoria de estratégia que irá decepcioná-lo, mas a implementação dessa estratégia. (Para ajudá-lo a contornar esse problema, sugerimos que também façamos um trabalho de gerenciamento de mudanças para você.)" É claro que encher os bolsos das empresas de consultoria não faz nada para promover o desempenho da maioria das empresas. O problema é o modelo que sustenta que a formulação e a execução da estratégia são distintas e bem diferentes. Um modelo mais poderoso para abordar o problema: *aceite que execução é o mesmo que estratégia*. Você não pode falar em execução apartada da estratégia. Como espero mostrar neste capítulo, a ideia de que temos que preferir uma estratégia medíocre e bem executada a uma estratégia brilhante e mal executada é profundamente falha — um conceito estreito e inútil repleto de consequências negativas não intencionais. Mas a boa notícia é que, se abandonarmos a falsa distinção entre estratégia e execução, podemos mudar o resultado.

Desorientado pela Metáfora

A maioria dos executivos pensa na estratégia como a competência dos gerentes seniores, que, muitas vezes auxiliados por consultores externos, a formulam e depois entregam sua execução ao resto da organização.

A metáfora que informa nossa compreensão desse processo é a do corpo humano. O cérebro (alta gerência) pensa e escolhe, e o corpo (a organização) executa o que o cérebro lhe diz para fazer. A ação bem-sucedida é composta de dois elementos distintos: formulação no cérebro e execução no corpo. No estágio de formulação, o cérebro decide: "Vou pegar este garfo agora." Então, na fase de implementação, a mão obedientemente pega o garfo. A mão não escolhe — ela *executa*. O fluxo é unidirecional, do cérebro formulador para a mão implementadora. Essa mão se torna um "executor sem escolha".

Um neurocientista pode questionar essa simplificação do cérebro e do corpo (e da verdadeira ordem de operações entre eles), mas é uma descrição justa do modelo aceito de estratégia organizacional: estratégia é escolher; execução é fazer.

Para tornar isso mais concreto, imagine que você é o CEO de um grande banco de varejo. Você e sua equipe elaboram uma estratégia para o cliente. Essa estratégia é comunicada para as agências do banco, onde é executada pelos representantes de atendimento ao cliente (CSRs, da sigla em inglês) no dia a dia. Os CSRs são os executores sem escolha. Eles seguem um manual que lhes diz como tratar os clientes, como processar transações, quais produtos promover e como vendê-los. O árduo trabalho de fazer todas as escolhas é deixado para os superiores — no topo da hierarquia. Aqueles que estão na linha de frente não precisam escolher — simplesmente *executam*.

Será que é verdade? Considere a experiência que tive trabalhando com um grande banco de varejo no início dos anos 1980. O banco estava revisando sua estratégia e, como jovem consultor, pedi para acompanhar um caixa (como os CSRs eram chamados naquela época) para ter uma noção melhor das operações do banco. Fui designado para Mary, que era a melhor caixa na agência. Ao observá-la ao longo de algumas semanas, comecei a ver um padrão na maneira como Mary lidava com seus clientes. Com alguns, ela era educada, eficiente e profissional. Com outros, levava um pouco mais de tempo, talvez sugerindo que eles transferissem parte do dinheiro extra em sua conta corrente para uma aplicação a prazo com maior rendimento ou explicando novos serviços que o banco havia implementado. E, com certos clientes, ela perguntava sobre seus filhos, suas férias ou sua saúde, mas falava relativamente pouco sobre operações bancárias e finanças. As transações ainda eram feitas nesses casos de informalidade, mas levavam muito mais tempo do que as outras interações com o cliente. Mary parecia tratar cada um de seus clientes de uma dessas três maneiras distintas.

Depois de um tempo, chamei Mary de lado e perguntei sobre sua abordagem. "Os clientes vêm em três tipos", explicou ela. "Há aqueles que não gostam de bancos. Eles querem entrar, fazer seus depósitos ou transferências e sair sem aborrecimentos. Eles querem que eu seja amigável, mas que execute as transações o mais rápido possível. Se eu tentasse lhes dar conselhos financeiros, eles diriam: 'Esse não é o seu trabalho.'

"Depois, há o segundo tipo de cliente, que não está interessado em que eu seja sua amiga, mas pensa em mim como sua gerente de serviços financeiros pessoais. Esse cliente quer que eu acompanhe suas outras contas." Ela puxou uma gaveta e apontou para um maço de pequenas fichas. "Para esses clientes, eu crio essas fichas que me mantêm atualizada sobre todas as suas contas. Isso me permite oferecer conselhos específicos — pois é isso que desejam de mim. Se eu perguntasse sobre seus filhos ou sua cirurgia no quadril, eles achariam uma perda de tempo ou, pior ainda, uma invasão de privacidade.

"Por fim, há um grupo de pessoas que veem uma visita a uma agência como um evento social importante, e em parte como uma visita ao seu caixa favorito. Se observar a fila, verá que algumas pessoas realmente deixam os outros passarem na frente e esperam que um caixa específico esteja disponível [isso só aconteceu em relação a Mary na minha observação]. Com essas pessoas, além de realizar suas transações bancárias, preciso conversar sobre suas vidas. Se não fizer isso, não será o evento que desejam e elas ficarão desapontadas com o nosso serviço."

Intrigado, pedi a Mary que me mostrasse a parte no manual dos caixas que descrevia esse esquema de segmentação estratégica e os modelos diferenciais de atendimento. Mary ficou pálida como cera, porque é claro que nada disso estava no manual. "É só um método que testei", explicou ela. "Quero que os clientes fiquem felizes, então faço o que posso para que isso aconteça."

"Mas para o segmento intermediário", pressionei, "você tem que fazer essas fichas sozinha, coletar algo que os sistemas bancários poderiam ser projetados para fornecer." (Claro, os sistemas bancários acabaram por suprir essa falha, e os bancos criaram sofisticados arquivos informatizados de informações do cliente que se pareciam muito com as fichas de Mary.) "E francamente", continuei, "outros caixas e clientes poderiam se beneficiar de sua abordagem. Por que você não fala com seu gerente sobre os três segmentos e sugere fazer as coisas de maneira diferente?"

Isso foi demais para Mary. "E por que eu faria isso?", respondeu, de repente impaciente. "Estou apenas tentando fazer o meu trabalho da melhor maneira possível. Eles não estão interessados no que uma caixa tem a dizer."

Mary tinha sido treinada como uma executora sem escolha. Ela recebeu um manual que dizia essencialmente: "O importante é a transação — basta fazer a transação e ser amigável." Mas sua própria experiência e discernimento lhe disseram o contrário. Ela escolheu construir e implementar seu próprio modelo de atendimento ao cliente, entendendo que o objetivo final do banco era ter clientes satisfeitos. Para fazer isso, ela teve que rejeitar seu papel como uma executora sem escolha. Em vez de obedecer ao manual do caixa e prestar um serviço inferior, ela decidiu fazer escolhas dentro de sua própria esfera. Decidiu, ouso dizer, ser estratégica.

Mas Mary entendeu claramente que não estava em posição de influenciar as decisões tomadas no topo da organização. Embora ela tivesse optado por rejeitar o convencional, seus superiores não. Assim, o banco, que poderia ter se beneficiado de seus insights estratégicos, foi excluído. É um padrão que tenho visto repetidas vezes ao longo da minha carreira. Muitas vezes, o que a alta administração mais precisava — embora raramente fosse capaz de reconhecer — era ter alguém conversando com a base para entender o que realmente estava acontecendo no negócio. Os gestores seniores não conseguiram obter essa informação porque criaram um modelo no qual seus funcionários foram convencidos de que ninguém estava interessado no que tinham a dizer.

O Dilema dos Executores Sem Escolha

O modelo de execução da estratégia fracassa em vários níveis da organização, não apenas na linha de frente. Os executivos também são constrangidos — por conselhos, acionistas, reguladores e inúmeros outros. Todos, desde o topo da organização até a base, fazem escolhas sob determinadas restrições e incertezas. Cada vez que um funcionário da linha de frente responde a uma solicitação do cliente, ele está fazendo uma escolha sobre como representar a corporação — uma escolha diretamente relacionada à proposta de valor fundamental que a empresa está oferecendo. (Veja o quadro "Uma Advertência Ignorada".)

Então, se não podemos traçar uma linha divisória entre onde a estratégia (acima) e a execução (abaixo) acontecem, qual é a utilidade da distinção entre estratégia e execução, entre formulação e implementação? Nenhuma, zero. É uma distinção inútil que de forma alguma ajuda a organização. Na verdade, causa grandes danos.

Em alguns casos, os funcionários internalizam o modelo do executor sem escolha e o cumprem fielmente. O funcionário segue regras imutáveis, vendo apenas preto e branco, porque é isso que lhe foi dito para ver. A percepção do que seus superiores esperam impulsiona seu comportamento. Ele tenta alcançar uma execução fiel, em vez de basear suas ações em escolhas sobre o que seria melhor para o cliente dentro dos amplos limites da estratégia da corporação. Isso restringe suas escolhas e o transforma em um burocrata. Qualquer cliente que já ouviu as palavras: "Sinto muito, não há nada que eu possa fazer; é a política da empresa" ou que ligou para um call center e ouviu o representante em um local distante ler um *script* que está totalmente desconectado do problema que ele enfrenta, sabe o aborrecimento que é lidar com um burocrata em uma estrutura de executor sem escolha.

Uma Advertência Ignorada

A maioria dos gestores está tão acostumada a acreditar que a estratégia e a execução são coisas distintas que ficam cegos, sem saber se a abordagem de execução da estratégia faz algum sentido. A noção de que estratégia e execução estão conectadas não é nova. Mas, aparentemente, não ouvimos atentamente o grande teórico da administração Kenneth Andrews, que estabeleceu a distinção entre a formulação de uma estratégia e sua execução em seu livro de 1971, *O Conceito de Estratégia Corporativa*. Segundo ele: "A estratégia corporativa tem dois aspectos igualmente importantes, inter-relacionados na vida, mas separados na medida do possível em nosso estudo do conceito. O primeiro deles é a formulação; o segundo é a implementação."

Apesar da advertência de que a formulação e a implementação ou execução da estratégia são aspectos "inter-relacionados na vida" e "igualmente importantes", quatro décadas depois, a teoria da estratégia-execução ainda as conceitua artificialmente como coisas distintas. Já é hora de nos aprofundarmos um pouco mais na lógica distorcida de nossa abordagem atual. Se não o fizermos, é quase certo que falharemos.

Enquanto isso, os gestores, cegos pela rigidez do modelo de execução da estratégia que conheceram, fazem escolhas abstratas de alto nível e assumem que todo o resto é simples implementação. Não conseguem reconhecer que as escolhas feitas no topo gerarão toda uma série de escolhas difíceis no futuro. Se os funcionários fizerem boas escolhas e produzirem ótimos resultados, a alta administração recebe (e geralmente reivindica) crédito por ter implementado uma ótima estratégia. Se, por outro lado, houver resultados ruins (seja devido a más escolhas da administração, dos funcionários ou de ambos), a conclusão quase certamente será que houve uma execução falha. Os funcionários participam de um jogo de perder ou perder: pouco crédito se sua equipe ganhar, muita culpa se sua equipe perder. Esse dilema cria uma sensação de desamparo, em vez de um senso de responsabilidade conjunta pelo sucesso. Inevitavelmente, os funcionários decidem simplesmente bater o ponto em vez de refletir sobre como fazer as coisas funcionarem melhor para sua corporação e seus clientes.

É um círculo vicioso. Ao se sentirem desconectados, os funcionários optam por nem tentar compartilhar dados de clientes com gestores seniores. Então os gestores seniores precisam buscar outros meios de obter os dados necessários para tomar decisões, geralmente contratando consultores externos. Os funcionários da linha de frente acham as escolhas resultantes inexplicáveis e pouco convincentes porque os dados vêm de fora. E se sentem ainda mais desconectados da empresa e mais convencidos de que estão trabalhando para idiotas, como diria *Dilbert*, personagem dos quadrinhos que satiriza os comportamentos de gestão mais pretensiosos e irritantes. Os gestores seniores culpam os funcionários da linha de frente, os funcionários da linha de frente culpam os gestores até que todos se tornam hostis. A administração impõe regras de execução e formas de operação que parecem unilaterais e arbitrárias, e a linha de frente age contra o espírito da estratégia e retém dados que ajudariam na tomada de decisão.

Neste mundo frio e egocêntrico, as relações entre os níveis da organização não se desenvolvem ou, quando se desenvolvem, é com base em desconfiança. A reflexão tende a ser limitada ao impacto que aqueles no resto do sistema terão na capacidade de um indivíduo de ter sucesso; a pessoa não considera a própria contribuição eventual para o problema. Finalmente, a liderança tende a assumir muita responsabilidade pelo sucesso, planejando estratégias cada vez mais complexas e planos de implementação cada vez mais rigorosos, enquanto os gestores de nível médio e inferior se sentem desamparados diante desses esforços e se negam a assumir a responsabilidade. Esses são alguns dos custos inevitáveis da estratégia convencional versus a abordagem de execução.

Estratégia como uma Cascata de Escolha

Para resolver nosso problema com o fracasso da estratégia, precisamos parar de pensar em termos da metáfora cérebro-corpo. Em vez disso, devemos conceber a corporação como um rio de águas caudalosas em que as escolhas fluem em cascata de cima para baixo. Cada corredeira é um ponto na corporação onde as escolhas podem ser feitas, com cada escolha em um nível superior afetando a escolha no nível imediatamente abaixo. Aqueles no topo da empresa fazem as escolhas mais amplas e abstratas envolvendo investimentos maiores e de longo prazo, enquanto os funcionários mais próximos da base tomam decisões mais concretas e cotidianas que influenciam diretamente o atendimento e a satisfação do cliente.

No nível do CEO, a escolha pode ser tão ampla quanto: "Em quais negócios participaremos?" Após consultas e considerações amplas — dentro das restrições impostas por seu conselho, investidores, histórico da empresa, recursos e assim por diante —, o CEO faria uma escolha.

Digamos que o CEO decida que a empresa investirá pesadamente no negócio bancário de varejo dos EUA. Diante dessa decisão, o presidente dessa unidade de negócios poderia então perguntar: "Como buscaremos vencer no banco de varejo dos EUA?" Sua escolha ainda é bastante ampla e abstrata, mas está explicitamente vinculada à escolha feita acima dele. Ele então decide que a empresa vai vencer no negócio bancário de varejo por meio de um serviço superior ao cliente. A partir daí, mais escolhas se seguem em toda a organização. O gerente de operações das agências pode perguntar: "Quais recursos de serviço devemos desenvolver para oferecer um atendimento ao cliente consistentemente superior?" Se a resposta incluir facilidade de interação para o cliente na agência, o gerente local pode perguntar: "O que isso significa para a contratação e treinamento de CSRs e o cronograma de seus turnos?" E o CSR tem que se perguntar: "O que tudo isso significa para esse cliente, aqui e agora?"

Em uma grande corporação, essa cascata de cima para baixo pode ser muito extensa. No exemplo do banco, provavelmente haveria um gerente regional e um gerente de área entre o gerente de operações e o gerente da agência. À medida que a cascata fica mais longa, sua estrutura e seus princípios operacionais se tornam mais críticos. Para que o processo de tomada de decisão funcione de forma mais eficaz, cada escolha deve se integrar perfeitamente às outras. Nesse modelo, os funcionários são incentivados a fazer escolhas ponderadas dentro do contexto das decisões tomadas acima deles. A abordagem baseia-se na crença de que capacitar os funcionários a fazer escolhas em sua esfera produzirá melhores resultados, clientes mais felizes e funcionários mais satisfeitos.

O modelo de cascata de escolha não é tão difundido quanto o modelo de execução de estratégia, mas está implicitamente em uso em algumas das empresas mais bem-sucedidas do mundo. Deixe-me voltar ao caso do Four Seasons Hotels and Resorts, uma das principais cadeias de hotéis de alto padrão do mundo, discutido no Capítulo 8. Como vimos, Isadore Sharp, presidente e CEO, tomou a decisão desde o início de construir sua cadeia de hotéis com base em uma nova definição de luxo. Ele decidiu: "Redefinir o luxo como serviço, um sistema de apoio para substituir o que os hóspedes deixaram em casa e no escritório."

O problema, é claro, era como fazer com que os funcionários de todos os níveis fizessem escolhas que gerassem o resultado desejado. Tradicionalmente, os funcionários de hotel eram mal pagos e considerados transitórios e substituíveis. A maioria das cadeias de hotéis tratava seus trabalhadores como executores sem escolha, aos quais era dito exatamente o que, quando e como fazer — enquanto eram observados com olhos de água. Mas o modelo do executor sem escolha teria sido a morte da visão de Sharp. Ele precisava que todos os funcionários, incluindo camareiras, manobristas, recepcionistas e gerentes-gerais, fizessem as escolhas necessárias para criar um sistema de apoio confortável e acolhedor para os hóspedes. Teria sido impossível fazer um manual de instruções passo a passo de como criar o sistema de apoio que ele imaginava. Assim, Sharp definiu um contexto simples e fácil de entender, no qual seus funcionários poderiam fazer escolhas informadas. O objetivo para todos no Four Seasons seria "tratar os outros — parceiros, clientes, colegas de trabalho, todos — como gostaríamos de ser tratados".

A Regra de Ouro — que Sharp, tal como a maioria de nós, aprendeu quando criança — provou ser uma ferramenta poderosa para alinhar a cascata de escolha no Four Seasons dentro de seu contexto escolhido. Se um cliente do Four Seasons tivesse uma reclamação, todos os funcionários tinham o poder de fazer a coisa certa da maneira que julgavam mais sensata e tratar o hóspede com a preocupação e o cuidado que eles mesmos gostariam de receber. E Sharp agia de acordo com suas palavras, tratando seus funcionários como gostaria de ser tratado, como queria que seus hóspedes fossem tratados. E fez isso "prestando atenção tanto às reclamações dos funcionários quanto às reclamações dos hóspedes, atualizando as instalações dos funcionários sempre que atualizamos um hotel, proibindo distinções de classe em lanchonetes e estacionamentos, incentivando a responsabilidade pessoal e a autodisciplina, definindo parâmetros altos para o desempenho, cobrando responsabilidades e, acima de tudo, aderindo ao nosso credo: gerar confiança."

Em suma, ele fez isso ao deixar que seu pessoal fizesse escolhas. Os resultados foram notáveis. Em 2019, o Four Seasons apareceu na lista da *Fortune* das 100 Melhores Empresas para Trabalhar pelo vigésimo segundo ano consecutivo, uma das únicas oito organizações que, desde a criação da lista, aparecem nela todos os anos. A empresa também ocupa o primeiro lugar em sua categoria no Índice Anual de Satisfação de Hóspedes de Hotelaria da J.D. Power and Associates e é rotineiramente agraciada com o Readers' Choice Awards da revista *Condé Nast Traveler*.

Claro, esse empoderamento não acontece sem algum incentivo. Líderes como Sharp trabalham arduamente para criar um contexto em que as pessoas abaixo deles na cascata de escolha entendam as escolhas que já foram feitas e sua lógica. Aqueles no topo também devem estar preparados para se envolver em discussões — sem dominá-las — em torno das escolhas do nível imediatamente inferior. Isso pode se tornar mais crível se o líder deixar claro aos subordinados que os resultados das decisões no nível inferior afetam não apenas eles mesmos, mas também as decisões no nível superior, nas quais suas escolhas foram baseadas (consulte o quadro "Uma Cascata de Escolhas Melhores").

Uma Cascata de Escolhas Melhores

Ao contrário da abordagem de estratégia-execução, na qual os líderes ditam estratégias definidas e esperam que os subordinados sigam mecanicamente, no modelo de cascata de escolha os gerentes seniores capacitam os funcionários, permitindo que eles usem seu melhor julgamento nos cenários que encontrarem. Mas, para permitir efetivamente essas escolhas individuais, um tomador de decisão no nível superior deve definir o contexto para aqueles no nível inferior. Em cada nível, o tomador de decisão pode ajudar seus funcionários a fazer escolhas melhores de quatro maneiras específicas.

1. **Explique a escolha feita e a lógica por trás dela**. Muitas vezes assumimos erroneamente que nosso raciocínio é claro para os outros porque é claro para nós. Devemos dedicar tempo para ser explícito sobre a escolha que fizemos e as razões e suposições por trás dessa escolha, permitindo que aqueles no nível abaixo façam perguntas. Somente quando as pessoas imediatamente abaixo na cadeia entenderem a escolha e a lógica por trás dela, elas se sentirão empoderadas em vez de limitadas.

2. **Identifique explicitamente a próxima escolha no nível abaixo**. Devemos articular o que vemos como a próxima escolha e nos envolver em uma discussão de cima para baixo para garantir que o processo pareça uma *joint venture* informada por uma hierarquia. Aqueles no nível superior devem orientar e informar as pessoas no nível abaixo, não deixar que tomem decisões cegamente.

3. **Ajude a fazer a escolha no nível inferior, conforme necessário**. Parte de ser um chefe é ajudar os subordinados a fazer suas escolhas quando precisam. A extensão da ajuda necessária varia de caso a caso, mas uma oferta genuína deve sempre fazer parte do processo.

4. **Comprometa-se a revisitar e modificar a escolha com base no feedback do nível abaixo**. Não é possível saber que uma determinada escolha é sólida até que as escolhas no nível abaixo sejam feitas e os resultados cheguem. Portanto, o nível superior tem que sinalizar que sua escolha está verdadeiramente aberta à reconsideração e à revisão.

Criando um Ciclo de Estratégia Virtuoso

O modelo de cascata de escolha tem um ciclo de reforço positivo inerente. Como as escolhas nos níveis inferiores são valorizadas e o feedback é incentivado, a estrutura permite que os funcionários enviem informações para os níveis superiores, melhorando a base de conhecimento dos tomadores de decisão e permitindo que todos na organização façam melhores escolhas. O funcionário agora não é apenas o cérebro, mas também os braços e as pernas do corpo organizacional. Ele faz escolhas e as executa, passando a se sentir empoderado, e toda a organização ganha.

Essa ideia não é nova. Os pensadores de gestão progressistas têm falado sobre o empoderamento dos trabalhadores há décadas. Mas esse fato levanta uma questão importante: com todo esse empoderamento acontecendo, por que tantas pessoas ainda pensam que a execução é o que importa? Uma resposta poderia ser que as empresas para as quais essas pessoas trabalham são péssimas ao empoderar seus funcionários. Mas, se esse fosse o único problema, elas só precisariam empoderá-los mais e tudo seria corrigido (em outras palavras, usar a mesma teoria antiga e aplicá-la com mais rigor). Isso não é realmente empoderamento, é apenas aqueles no topo tentando fazer com que os funcionários comprem suas ideias. À medida que os responsáveis formulam sua estratégia, eles trabalham com consultores de gerenciamento de mudanças para determinar como podem gerar a adesão de que precisam. Fazem workshops e apresentações em PowerPoint para persuadir o pessoal abaixo deles a se entusiasmar com a estratégia escolhida e a executá-la mecanicamente como executores sem escolha.

Os gestores seniores que se concentram apenas em ganhar a adesão daqueles abaixo não tendem a se perguntar: "Como eu gostaria que fosse se estivesse do outro lado?" Se o fizessem, provavelmente perceberiam que a prática é detestável. Viola a versão da Regra de Ouro do Four Seasons. Os funcionários não gostam da abordagem de adesão porque cria uma distinção artificial entre estratégia e execução. Espera-se que eles assistam impassíveis, como se gostassem de ser tratados como executores sem escolha quando sabem que precisam ser muito mais para que essa estratégia "brilhante" e seu processo de adesão sejam bem-sucedidos. Como sempre, as teorias no nível superior e as decisões baseadas nessas teorias restringem as experiências nos níveis inferiores. Nesse caso, uma teoria em um nível superior que divide uma empresa entre os que escolhem e os que executam sem escolha transforma o empoderamento em uma farsa.

É hora de revisitar e revisar nossa teoria no nível superior. O mundo dos negócios pode estar totalmente convencido de que uma melhor execução é o caminho para a grandiosidade, mas, na verdade, uma metáfora melhor seria muito mais útil. Somente então os funcionários de base das organizações estarão livres do flagelo de apresentações de adesão. E só então a promessa de empoderamento terá uma chance de ser realizada.*

---

* Este capítulo foi adaptado de Roger L. Martin, "The Execution Trap", *Harvard Business Review*, julho-agosto de 2010.

Talento

Sentir-se especial é mais
importante do que a remuneração.

No modelo tradicional de construção de negócios, empreendedores talentosos e visionários emprestavam capital, contratavam mão de obra e compravam matérias-primas para criar produtos ou serviços. Se seus empreendimentos tivessem sucesso e eles gerassem mais valor do que lhes custou para criar os produtos ou os serviços, se tornariam capitalistas, investindo (ou usando como garantia) os lucros que ganharam para expandir seus negócios.

Com a ampla expansão dos mercados de capital no final do século XIX, esse modelo mudou. O capital externo tornou-se mais prontamente disponível para o crescimento de negócios e, cada vez mais, o modelo empreendedor foi sendo substituído por um modelo em que os gestores profissionais atuavam como agentes para os provedores de capital. Durante grande parte do século XX, esse modelo foi caracterizado por disputas, pois os gestores, que representavam os interesses dos investidores, entravam em conflito com os sindicatos, representantes dos trabalhadores, sobre como o valor criado por um negócio deveria ser compartilhado entre trabalho e capital.

Na década de 1970, o modelo evoluiu ainda mais. Para começar, houve uma crescente conscientização de que os interesses de investidores e gestores poderiam ser conflitantes, o que forneceu a base para a remuneração vinculada a ações, de modo a tentar alinhar as duas partes. Ao mesmo tempo, houve um reconhecimento crescente da importância do know-how e das habilidades dos gestores no processo de criação de valor, o que significou que as empresas começaram a competir cada vez mais para contratar gestores e outros especialistas, como cientistas e programadores, considerados detentores do talento distintivo necessário para o sucesso. Como resultado, nas últimas quatro décadas, esse talento empresarial vem capturando uma proporção crescente do valor criado pelos negócios que gerencia — à custa dos provedores de capital.

O que proporciona ao talento empresarial uma mão forte na negociação é o fato de que, ao contrário da maioria da força de trabalho, ele não é visto como algo fungível, e seu trabalho decididamente não é genérico. Para muitas funções em uma organização, qualquer número de funcionários poderia fazer as tarefas, pois o trabalho é suficientemente definido e previsível para permitir que a organização treine vários funcionários para realizá-lo. Mas o valor do trabalho que requer talento único depende de quem o executa. Um cineasta poderia fazer um filme com uma substituta para Julia Roberts, mas não seria um filme da Julia Roberts. O Green Bay Packers poderia jogar futebol americano sem o quarterback Aaron Rodgers, mas a equipe teria que executar um ataque diferente. Se uma empresa farmacêutica perde seu proeminente cientista, precisaria mudar seu programa de pesquisa. Se um fundo de hedge perde seu guru de investimento, precisaria mudar sua abordagem de investimento.

À medida que o mundo se transformou em uma economia do conhecimento, as pessoas com conhecimento e habilidades se tornaram poderosas — sejam executivos corporativos, cientistas de pesquisa, engenheiros financeiros, gestores de investimentos, artistas, atletas ou celebridades. Ao mesmo tempo, à medida que os mercados de capitais se modernizaram por meio da inovação e da tecnologia, o capital se tornou um artigo mais fácil de adquirir, o que acelerou a mudança de poder do capital para o talento. E, embora o poder de lucro do talento em muitos domínios tenha disparado nos últimos quarenta anos, nada se igualou ao poder de extração de valor do talento gerencial: Steve Ballmer ganhou a grande maioria de sua fortuna de US$96 bilhões por ser o primeiro gerente de negócios de Bill Gates. O patrimônio líquido de US$19 bilhões de Eric Schmidt decorreu de assumir as rédeas do Google por uma década; e os US$6,4 bilhões de Meg Whitman, de atuar como CEO do eBay por dez anos.

Não é surpresa que esses números impressionantes deram origem a uma crença de que o talento de ponta é altamente sensível e motivado por remuneração e que grandes recompensas monetárias são fundamentais para seu recrutamento e retenção. Há um fundo de verdade nisso. Conheci muitas pessoas bem-sucedidas que são motivadas por remuneração: CEOs que aumentam o valor percebido de sua empresa para vendê-la; gerentes de fundos de hedge ativistas que destroem empresas para ganhos de curto prazo; banqueiros de investimento que fazem com que seus clientes adquiram empresas que não deveriam, a fim de ganhar gordas comissões; ou consultores que vendem a seus clientes serviços de que não precisam.

Mas essas não são as pessoas de quem estou falando. Nenhuma dessas pessoas gananciosas tinha ou tem o talento ou a motivação para tornar suas organizações ou equipes excelentes por um período sustentado. Posso dizer com confiança que, nos meus quarenta anos trabalhando com pessoas que realmente se enquadram na categoria superior de talento, nunca conheci uma única pessoa verdadeiramente talentosa que seja mera ou altamente motivada por remuneração. E isso me leva a um modelo alternativo para pensar em talento: *sentir-se especial é mais importante do que a remuneração*. Como mostrarei neste capítulo, quando se trata de gerenciar talentos de alto nível, o segredo do sucesso é fazer com que as pessoas se sintam indivíduos valorizados, não membros de um grupo, não importa o quão de elite seja.

Vou começar com a história de Giles.

A Licença-paternidade de Giles

Trinta anos atrás, quando eu estava coadministrando a firma de consultoria estratégica Monitor Company, Giles era uma estrela em ascensão dentre uma dúzia de gerentes de contas globais (GCGs). Ele me procurou para pedir licença-paternidade por conta do nascimento de seu primeiro filho, atualmente um pedido bastante normal, mas um pouco mais incomum naquela época. Prontamente respondi: "Claro, Giles. Você é um GCG. No seu nível, pode fazer praticamente o que quiser. Tire o tempo que precisar."

Ele disse: "OK" e saiu, parecendo mal-humorado. Fiquei surpreso. Giles tinha me feito um pedido e eu o concedi sem empecilhos ou condições. Qual era o problema? Finalmente me dei conta. Ele não queria ser tratado como membro de uma classe, mesmo que fosse da prestigiada classe de GCGs da Monitor. Havia uma dúzia deles, mas apenas um Giles. Ele queria ser tratado como um indivíduo. Giles queria ouvir: "Nós nos preocupamos com você e com suas necessidades. Se a licença-paternidade é particularmente importante para você, nós o apoiamos 100%."

O resultado teria sido o mesmo — a licença-paternidade irrestrita —, mas o impacto emocional foi muito diferente. Em vez de se sentir apenas mais um membro de seu grupo particular, ele teria se sentido especial, singular.

Desde o incidente com Giles, tenho visto a mesma dinâmica em ação repetidas vezes. Foi por precisar se sentir especial que o ícone do basquete Michael Jordan notoriamente criou regras próprias, para o desgosto de alguns de seus companheiros de equipe. É por isso que a banda de rock Van Halen insiste que M&Ms marrons sejam removidos das tigelas de doces em seu camarim. Coisa de pirralhos mimados? Tenho certeza de que esse é um dos componentes, mas não o principal motivador.

Pessoas como Michael Jordan passam suas vidas se esforçando para serem únicas. Seu desempenho vai além do de outras pessoas. Elas se preparam mais; trabalham mais. Têm aspirações que flertam com o fracasso. Estabelecem para si padrões mais elevados. Aceitam a enorme pressão que vem com esse território. E por isso Giles estava chateado. Foi chocante em um nível muito profundo ter trabalhado de forma tão árdua para se distinguir de todos e depois ser tratado como apenas mais um GCG — mesmo que todos os anos contratássemos dezenas de MBAs de alto nível cujo sonho era um dia se tornar um GCG da Monitor.

Pessoas como Giles não estão apenas trabalhando para você. Elas criam resultados únicos que não seriam mais possíveis na ausência delas. Você não pode enquadrar pessoas talentosas como Giles em uma categoria e esperar que fiquem felizes. É preciso criar categorias próprias para elas, mesmo que signifique adaptar o resto da organização. Se não fizer isso, você e sua estrela sofrerão, como o caso do astro da National Football League (NFL) Aaron Rodgers ilustra vividamente.

A Triste História de Aaron Rodgers

Depois de dezessete anos de uma carreira estelar como quarterback do icônico Green Bay Packers, Aaron Rodgers se estabeleceu como um dos maiores quarterbacks da história da NFL, uma liga em que essa posição é inquestionavelmente a mais crítica para o sucesso da equipe. Ele detém o quinto maior número de passes para touchdown da história. Sua classificação como passador em toda a carreira, a medida mais abrangente da eficácia de um quarterback, é a mais alta da história da liga para qualquer quarterback com cinco anos ou mais como titular. Ele é um vencedor. Em 2011, liderou os Packers à vitória no Super Bowl após um jejum de quatorze anos e foi nomeado o MVP (sigla em inglês para Jogador Mais Valioso) do Super Bowl e três vezes da NFL, estando empatado no segundo lugar na história da liga.

Condizente com seu status de elite, por duas vezes os Packers fizeram de Rodgers o jogador mais bem pago da NFL — primeiro em 2013, com uma extensão de contrato de cinco anos por US$110 milhões (2015–2019), e depois em 2018, com uma extensão de quatro anos por US$134 milhões (2020–2023). A remuneração não era um problema: durante anos, os Packers remuneraram Rodgers como o melhor jogador de futebol americano. E Rodgers retribuiu sendo o rosto superstar da franquia.

Mas, no draft da NFL em abril de 2020, Brian Gutekunst, gerente-geral (GM, na sigla em inglês) dos Packers, negociou para estar em posição de escolher o quarterback Jordan Love, um potencial sucessor de Rodgers, em vez de selecionar um wide receiver para propiciar mais poder ofensivo para Rodgers. De acordo com os envolvidos, Gutekunst não discutiu seus planos previamente com Rodgers. A imprensa esportiva continuou a questionar Rodgers sobre a vulnerabilidade de seus wide receivers, especialmente porque os Packers não escolheram ninguém para a posição no draft de 2020. Em uma entrevista em 3 de setembro de 2020, Rodgers expressou entusiasmo por seus quatro principais receivers, incluindo Jake Kumerow. Em 4 de setembro, Gutekunst cortou Kumerow, que foi imediatamente escolhido pelo Buffalo Bills. Dois meses depois, quando questionado sobre as perspectivas dos Packers escolherem um wide receiver no prazo das negociações, Rodgers respondeu: "Eu entendo meu papel. Não estou aqui para [elogiar] ninguém. A última vez que elogiei um jogador, ele acabou indo para o Buffalo."

Rodgers teve uma temporada como MVP e levou os Packers à final do campeonato da Conferência Nacional de Futebol (NFC, na sigla em inglês), no qual seu treinador decidiu não tentar um touchdown de empate faltando 2:09 para o fim do jogo, uma decisão que enviou o Tampa Bay Buccaneers, liderado pelo colega quarterback Tom Brady, para o Super Bowl, do qual o time foi vencedor.

No final de abril de 2021, começaram a circular rumores de que Rodgers havia tomado a decisão de não retornar aos Packers. Embora ele não confirmasse a informação, quando pressionado durante uma entrevista em maio, mencionou repetidamente "problemas com pessoas" ao lidar com a administração dos Packers. Ele passou a ficar de fora durante a maior parte das atividades normais de pré-temporada, incluindo a maioria dos treinos. Rodgers finalmente chegou a um acordo com a equipe para retornar, mas apenas se suas obrigações contratuais fossem reduzidas em um ano, permitindo que ele saísse como agente livre após a temporada de 2022. Encurtar o contrato de um superstar no auge de sua carreira nunca é algo desejável para uma equipe esportiva.

Em uma coletiva de imprensa após seu retorno à equipe, Rodgers finalmente se abriu sobre a fonte de seu descontentamento:

> A organização enxerga a mim e o meu trabalho como apenas jogar. Na minha opinião, com base no que realizei nesta liga, a maneira como me importo com meus companheiros de equipe, a maneira como me comporto no vestiário, a maneira como lidero, a maneira como me conduzo na comunidade deveria me dar direito a contribuir mais. *As regras são as mesmas para a maioria das pessoas, mas de vez em quando há uns outliers, caras que estão em uma organização há dezessete anos, ganharam alguns MVPs e que podem participar de conversas em um nível diferente, superior* [grifo nosso]. Não estou pedindo nada que outros grandes quarterbacks nas últimas décadas não tenham conseguido. A oportunidade de apenas participar de conversas... se pretendem cortar o cara, com base em uma meritocracia, alguém que foi o nosso segundo melhor receiver durante a maior parte da pré--temporada do ano passado, podiam conversar comigo. Perguntar minha opinião. Talvez eu consiga fazê-los mudar de ideia. Mas ao

menos participar da conversa já faz com que a gente se sinta importante; respeitado.

Embora Rodgers não tenha mencionado Tom Brady pelo nome, é difícil imaginar que não estivesse se referindo à temporada de 2020 de Brady. Após uma lendária carreira de vinte anos no New England Patriots, Brady partiu para o Tampa Bay Buccaneers, que, ao contrário dos Packers, não havia disputado um título em quase duas décadas, e ele liderou a equipe até o Super Bowl. Ao longo do caminho, Brady persuadiu a equipe a recrutar Rob Gronkowski — seu tight end favorito, que Brady convenceu a abandonar a aposentadoria — e Antonio Brown — um controverso, mas extremamente talentoso wide receiver, com quem desenvolveu um ótimo relacionamento durante o curto período do receiver nos Patriots.

Ao analisarmos a perda da final do campeonato da NFC, é fácil imaginar que a diferença naquele jogo acirrado foi que a equipe de Brady lhe fornecera as armas ofensivas que ele desejava, enquanto os Packers se recusaram a trazer de volta Randall Cobb — um dos receivers favoritos de Rodgers, que estava jogando pelo Houston em 2020 depois de não renovar contrato com os Packers após a temporada de 2018, sua oitava no time. Talvez não seja surpresa que, junto com a decisão de Rodgers de retornar aos treinos, a equipe tenha anunciado a contratação de Cobb para a temporada de 2021. A expectativa era de que, no final da temporada de 2021 ou, o mais tardar, na temporada de 2022, Rodgers encerrasse seu relacionamento com a única equipe da NFL pela qual já jogara.

A velha guarda está contra-atacando. Em 2017, o proprietário dos Texans, Bob McNair, gerou controvérsia e a indignação dos jogadores ao reclamar que os "presos estavam administrando a prisão" na NFL moderna. Em uma entrevista de maio de 2021, Ron Wolf, ex-GM dos Packers (1991–2000), se referiu aos atuais quarterbacks como "divas" e declarou: "No meu tempo, eles eram contratados para jogar na posição de quarterback. É para isso que estão sendo pagos e é isso que estão sendo pagos para fazer. Esses caras, eles querem escolher o treinador, escolher jogadores."

Para ser justo, nenhuma alegação foi feita de que Rodgers pediu para escolher o treinador ou os jogadores. No entanto, ele pediu para não ser tratado apenas como mais um jogador; embora tenha aceitado continuar no time até o fim da temporada de 2022, as consequências da decisão dos Packers de fazer exatamente isso — tratá-lo como qualquer outro jogador — serão reveladas no início da temporada de 2023.

Os Desafios para a Gestão

Tratar as estrelas como pessoas especiais representa um risco. Se todos os gestores que se veem como estrelas quisessem opinar em todas as decisões, poderia ser o caos. Então, se você quiser administrar uma equipe de pessoas altamente talentosas, precisa encontrar maneiras de fazê-las se sentirem especiais sem colocá-las no comando. Mas isso é mais fácil do que você imagina, porque se sentir especial não é o mesmo que estar no comando. Na verdade, as pessoas talentosas muitas vezes não querem estar no comando. Vamos voltar ao Giles. Ele não queria ser encarregado de decidir a política de licenças. Se tivesse elaborado minha resposta com mais sensibilidade às suas necessidades, eu o teria feito se sentir especial sem colocá-lo no comando de nada. Ele precisava sentir que eu, representando a gerência, o valorizava como Giles — não apenas como mais um GCG.

Experimente aplicar as seguintes regras para fazer seus talentos se sentirem especiais.

Nunca despreze suas ideias

Pessoas talentosas investem enormes quantidades de energia e emoção no desenvolvimento de suas habilidades para que se saiam bem e tenham sucesso no mais alto nível. Do mesmo modo, porém, elas querem contribuir para a forma como aplicam essas habilidades e como as desenvolvem. A queixa de Rodgers aos Packers foi principalmente sobre não ter voz em decisões que eram fundamentais para saber se seria capaz de conduzir sua equipe a outra vitória no Super Bowl.

Considere o caso de Eric Yuan, que teve que superar oito recusas antes de obter um visto para trabalhar nos Estados Unidos. Ele também teve que superar sua falta de habilidade na língua inglesa para conseguir um emprego na empresa de videoconferência Webex. E, então, precisou demonstrar um desempenho tão extraordinário que acabou por ajudar a Webex a se tornar a principal plataforma de videoconferência, conquistando o cargo de vice-presidente de engenharia da gigante de tecnologia Cisco Systems, que comprou a Webex. Yuan viu o surgimento da videoconferência baseada em smartphones como uma ameaça e uma oportunidade para a Webex e, em 2010, propôs que a Cisco/Webex reformulasse a plataforma Webex para torná-la amigável para smartphones. De acordo com Yuan, a proposta foi rejeitada pela Cisco/Webex. Menos de um ano depois, ele deixou a empresa para dar início à Zoom. A Zoom substituiu a Webex como o aplicativo de videoconferência dominante, e poucos usuários deram à Webex a chance de se restabelecer como um concorrente legítimo.

Você precisa ouvir tudo o que o talento de ponta tem a dizer? Claro que não. Isso seria o caos. Mas reconheça que o talento não aceita de bom grado ser descartado de imediato. E ele sempre tem opções — que podem acabar sendo prejudiciais ou até fatais para você.

Nunca impeça seu desenvolvimento

Dado o investimento no seu próprio desenvolvimento, as estrelas são extremamente sensíveis à forma como o seu talento é utilizado. Se uma estrela sente que seu progresso está bloqueado e precisa esperar pelo próximo avanço ou oportunidade, vai levar seu talento para um lugar que sinta que terá um caminho livre. Decidir quando e quais oportunidades oferecer e quando retê-las exige um julgamento cuidadoso. Uma estrela também irá responsabilizá-lo se fracassar, pois você permitiu que desse um passo maior do que a perna. A forma de ganhar a lealdade de suas estrelas é ser o provedor de oportunidades que lhes permitam continuar crescendo e aprendendo — cada uma à sua maneira individual — sem impossibilitar o sucesso.

Às vezes, isso significa lutar contra as diretrizes da função de recursos humanos, que tende a querer tratar os funcionários de forma homogênea e limitar as oportunidades a prazos rígidos. Lembro-me de ter recebido uma forte resistência do chefe de alocações quando quis designar um consultor menos experiente para um papel sênior em um caso importante. Ele alegou que o consultor não estava pronto e que não era justo com os outros que eram mais experientes. Ofereci-me para procurar oportunidades em outros casos futuros para aqueles que preteri e prometi assumir total responsabilidade por corrigir qualquer problema decorrente da atribuição do papel sênior ao consultor. Felizmente, funcionou bem e catapultou o jovem consultor para uma posição que eliminou todas essas perguntas sobre sua presteza no futuro.

Para Eric Yuan, o duplo golpe de ter sua ideia descartada e ter seu caminho bloqueado garantiu que a Cisco/Webex perdesse seu talento essencial e criasse um concorrente mortal. Ao explicar sua decisão de deixar um emprego corporativo de alto salário e alto status para criar uma startup arriscada, Yuan declarou: "Eu não tive escolha a não ser sair para construir uma nova solução a partir do zero." Se você bloquear o progresso do talento, pode ter certeza de que ele encontrará outro caminho.

Nunca perca a chance de elogiá-los

Na minha experiência, uma verdadeira estrela raramente, ou nunca, *pede* elogios — pelo menos não de forma direta. E, como o talento de ponta é altamente esforçado e intrinsecamente motivado, é tentador assumir que essas estrelas não precisam de muitos elogios e são indiferentes a tapinhas nas costas. É justamente o contrário. Pessoas talentosas gastam todo o seu tempo fazendo coisas realmente difíceis. Para fazer o que fazem, elas têm que flertar — e de fato experimentar — com o fracasso. Por isso, precisam de reconhecimento. Caso contrário, elas se tornam ressentidas ou tristes e se distanciam da organização.

O desafio é identificar quando elas precisam desse reconhecimento e entregá-lo de maneira individualizada — elogios que não poderiam ser dados a ninguém além do destinatário. A mensagem genérica de final de ano "você teve um ano fantástico" será recebida de forma negativa, não positiva, mesmo que acompanhada por uma recompensa financeira considerável. Você precisa vincular seu reconhecimento a realizações específicas e reconhecer quando sua estrela evoluiu. Quando atuei como diretor da Rotman School of Management, havia muitos professores excelentes, mas poucos tiveram um impacto desproporcional em nossa reputação global. Sempre me certifiquei de distribuir tapinhas nas costas por suas conquistas — um artigo favorável na imprensa, um elogio de aluno, o progresso de um de seus doutorandos.

Por isso, reconheci imediatamente o problema quando um amigo professor me encaminhou a resposta de um e-mail que havia enviado ao diretor de sua faculdade de negócios. Envolvia a aprovação para viajar em classe executiva. Os professores da faculdade não podiam voar na classe executiva, a menos que recebessem aprovação específica do diretor. Meu amigo, que era uma das estrelas mais brilhantes da faculdade, havia passado recentemente por uma grande cirurgia cardíaca e escreveu para o diretor apontando que seu médico havia proibido a classe econômica para viagens intercontinentais. Em seu e-mail, ele explicou que precisava viajar para uma conferência acadêmica na Europa a fim de receber um prestigioso prêmio de reconhecimento por realizações vitalícias em sua área acadêmica.

Não era preciso ser um gênio para descobrir as entrelinhas da mensagem de e-mail: "Ei, diretor, você provavelmente não sabe que eu fiz uma grande cirurgia cardíaca e, apesar disso, estou de volta ao trabalho e representando a faculdade. E acabei de receber o prêmio mais prestigiado da minha área." A resposta do diretor, na íntegra? "Aprovado." E não algo como: "Meu Deus. Eu não tinha ideia da cirurgia. Estou feliz que tenha se recuperado. E estou muito contente por você e orgulhoso pela faculdade em mais esse prêmio na sua brilhante carreira. Claro, você tem minha aprovação. E vou informar o departamento de relações públicas sobre o prêmio para que possa fazer um comunicado de imprensa no dia de sua apresentação. Tenha uma ótima viagem e obrigado novamente por tudo o que você faz pela reputação da faculdade."

A intenção do encaminhamento dos e-mails para mim era clara como o dia: "Eu nunca pediria elogios. Mas que resposta fria e indiferente. Aposto que você nunca fez isso como diretor, Roger." O diretor em questão cometeu um erro mortal de gestão de talentos? Duvido. Mas qual a probabilidade de meu amigo ajudar ativamente seu diretor a realizar algo em sua lista de tarefas? Não muito boa. Quanto tempo levaria para criar um e-mail de gestão de talentos útil? Não mais do que cinco minutos.

Os requisitos para a gestão de talentos na economia moderna podem parecer desafiadores. O talento pode extrair enormes somas econômicas dos provedores de capital e pode minar a capacidade de desempenho da organização baseada em talentos. No entanto, há um lado muito positivo na equação de gestão de talentos. O talento permite resultados que, de outra forma, não seriam possíveis — resultados especiais, muito fora da curva. E, na medida em que confia em talentos de ponta para produzir um excelente desempenho organizacional, você deve tratar suas maiores estrelas como indivíduos: nunca despreze suas ideias, nunca impeça seu desenvolvimento e nunca perca a chance de elogiá-las quando tiverem sucesso.*

---

* Este capítulo expande Roger L. Martin, "The Real Secret to Retaining Talent", *Harvard Business Review*, março-abril de 2022.

12

Inovação

O design de intervenção é
tão crítico quanto a própria inovação.

Durante a maior parte da história, o design foi um processo aplicado a objetos físicos. Raymond Loewy projetou trens. Frank Lloyd Wright projetou casas. Charles Eames projetou móveis. Coco Chanel desenhou alta-costura. Paul Rand desenhou logotipos. David Kelley projetou produtos, incluindo (o mais famoso) o mouse para o computador da Apple.

À medida que ficou claro que o design inteligente e eficaz estava por trás do sucesso de muitos produtos comerciais, as empresas começaram a empregá-lo em cada vez mais contextos. As empresas de alta tecnologia que contratavam designers para trabalhar em hardware (digamos, para criar o design e o layout de um smartphone) começaram a pedir que eles criassem a aparência de softwares de interface do usuário. Em seguida, os designers foram convidados a ajudar a melhorar as experiências dos usuários. Logo as empresas estavam tratando a elaboração de estratégias corporativas como um exercício de design. Hoje, o design é aplicado até mesmo para ajudar vários stakeholders e organizações a trabalhar melhor como um sistema.

Esse é o caminho clássico do progresso intelectual. Cada processo de design é mais complicado e sofisticado do que o anterior. Cada um foi possibilitado pelo aprendizado com o estágio anterior. Os designers puderam se dedicar a interfaces gráficas de usuário para software porque tinham experiência em projetar o hardware no qual os aplicativos seriam executados. Tendo criado melhores experiências para usuários de computador, os designers puderam lidar com experiências não digitais, como as visitas hospitalares de pacientes. E, uma vez que aprenderam a redesenhar a experiência do usuário em uma única organização, eles estavam mais preparados para enfrentar a experiência holística em um sistema de organizações.

À medida que o design se afastou do mundo dos produtos, suas ferramentas foram adaptadas e estendidas para uma nova disciplina distinta: o design thinking. Sem dúvidas, o pontapé inicial foi de Herbert Simon, vencedor do prêmio Nobel de Economia, em seu clássico livro *As Ciências do Artificial*, de 1969, que caracterizou o design menos como um processo físico e mais como uma forma de pensar. E Richard Buchanan fez um avanço seminal em seu artigo de 1992, "Wicked Problems in Design Thinking", no qual propôs o uso do design para resolver desafios extraordinariamente persistentes e difíceis.

Mas, com o aumento da complexidade do processo de design, surge um novo obstáculo: a aceitação do que poderíamos chamar de "artefato projetado" — seja produto, experiência do usuário, estratégia ou sistema complexo — pelos stakeholders. E isso me leva a uma verdade fundamental sobre a inovação: *o design de intervenção é tão crítico quanto a própria inovação*. Neste capítulo, explicarei esse novo desafio e demonstrarei como a aplicação do design thinking aos processos em torno da inovação pode ajudar os inovadores a transformar os novos mundos que imaginaram em realidade.

O Novo Desafio

O lançamento de um novo produto que se assemelha a outras ofertas de uma empresa — digamos, uma versão híbrida de um modelo de carro existente — é tipicamente visto como uma coisa positiva. Produz novas receitas e poucas desvantagens percebidas para a organização. O novo veículo não causa mudanças significativas na organização ou na forma como seu pessoal trabalha, portanto, o design não é inerentemente ameaçador ao trabalho de ninguém ou à atual estrutura de poder.

Claro, introduzir algo novo é sempre preocupante. O híbrido pode fracassar no mercado, o que seria caro e embaraçoso. Isso pode fazer com que outros veículos do portfólio sejam descontinuados, causando angústia para aqueles que gostam dos modelos mais antigos. No entanto, o designer geralmente presta pouca atenção a essas preocupações. Seu trabalho é criar um carro novo verdadeiramente fabuloso, e os efeitos indiretos são deixados para outras pessoas — de marketing ou RH — gerenciar.

Porém, quanto mais complexo e menos tangível é o artefato projetado, menos viável para o designer ignorar seus potenciais efeitos em cascata. O próprio modelo de negócios pode até precisar ser alterado. Isso significa que a introdução do novo artefato requer atenção de design também.

Considere o seguinte exemplo: por volta de 2012, a MassMutual buscava maneiras inovadoras de persuadir pessoas com menos de 40 anos a comprar um seguro de vida — uma venda notoriamente difícil. A abordagem padrão teria sido projetar um produto de seguro de vida especial e comercializá-lo da maneira convencional. Mas a MassMutual concluiu que era improvável que a estratégia funcionasse. Em vez disso, a empresa trabalhou com a IDEO para projetar um tipo completamente novo de experiência do cliente focada mais amplamente em educar as pessoas sobre planejamento financeiro de longo prazo.

Lançada em outubro de 2014, a "Society of Grownups" [Sociedade dos Adultos, em tradução livre] foi concebida como um "programa de mestrado para a vida adulta". Em vez de oferecê-lo puramente como um curso online, a empresa o tornou uma experiência multicanal, com ferramentas de planejamento financeiro e orçamento digital de última geração; escritórios com salas de aula; uma biblioteca com acesso para os clientes; e um currículo que incluía tudo, desde investir em um fundo de previdência privada até comprar vinhos com bom custo-benefício. Essa abordagem foi extremamente disruptiva para as normas e os processos da organização, pois exigia não apenas uma nova marca e novas ferramentas digitais, mas também novas maneiras de trabalhar. Na verdade, todos os aspectos da organização tiveram que ser redesenhados para o novo serviço, que deve evoluir à medida que os participantes fornecem à MassMutual novos insights sobre suas necessidades.

Quando se trata de artefatos muito complexos — digamos, todo um ecossistema de negócios —, os problemas de integrar um novo design parecem ainda maiores. Por exemplo, a implantação bem-sucedida de veículos autônomos exigirá que fabricantes de automóveis, provedores de tecnologia, reguladores, governos municipais e nacionais, empresas de serviços e usuários finais colaborem de novas maneiras e se envolvam em novos comportamentos.

Como as seguradoras trabalharão com fabricantes e usuários para analisar o risco? Como os dados coletados de carros autônomos serão compartilhados para gerenciar os fluxos de tráfego e proteger a privacidade?

Novos projetos nessa escala são intimidantes. Não é de admirar que muitas estratégias e sistemas genuinamente inovadores acabem esquecidos em uma prateleira qualquer — nunca colocados em prática. No entanto, se você abordar uma mudança em larga escala como dois desafios simultâneos e paralelos — o design do artefato em questão e o design de intervenção que o traz à vida —, pode aumentar as chances de que ela aconteça.

O Design de Intervenção

O design de intervenção cresceu organicamente a partir da prototipagem iterativa que foi introduzida no processo de design como uma forma de entender e prever melhor as reações dos clientes a um novo artefato. Na abordagem tradicional, os desenvolvedores de produtos começaram estudando o usuário e criando um resumo do produto. Então eles trabalharam arduamente para criar um design fabuloso, que a empresa lançou no mercado. Na abordagem orientada para o design popularizada pela IDEO, o trabalho para entender os usuários era mais profundo e mais etnográfico do que quantitativo e estatístico.

Inicialmente, essa foi a distinção significativa entre as abordagens antiga e nova. Mas a IDEO percebeu que não importa o quão profundo fosse o entendimento inicial, os designers realmente não seriam capazes de prever as reações dos usuários ao produto final. Assim, os designers da IDEO começaram a se engajar com os usuários mais cedo, levando até eles um protótipo de resolução muito baixa para obter feedback antecipado. Em seguida, eles continuaram repetindo o processo em ciclos curtos, melhorando constantemente o produto até que o usuário ficasse satisfeito. Quando o cliente da IDEO de fato lançou o produto, foi um sucesso quase garantido — um fenômeno que ajudou a tornar a prototipagem rápida uma prática recomendada.

A prototipagem iterativa rápida não apenas melhorou o artefato. Acabou sendo uma maneira altamente eficaz de obter o financiamento e o compromisso organizacional para levar o novo artefato ao mercado. Um novo produto, ainda mais um relativamente revolucionário, sempre envolve uma grande aposta da equipe de gerenciamento ao aprová-lo.

Muitas vezes, o medo do desconhecido aniquila a nova ideia. Com a prototipagem rápida, no entanto, uma equipe pode ter mais confiança no sucesso do mercado. Esse efeito acaba por ser ainda mais importante com projetos complexos e intangíveis.

Na elaboração de estratégias corporativas, por exemplo, uma abordagem tradicional é fazer com que o estrategista — seja interno ou um consultor externo — defina o problema, elabore a solução e a apresente ao executivo responsável. Muitas vezes, esse executivo tem uma das seguintes reações: (1) Isso não aborda os problemas que considero críticos. (2) Essas não são as possibilidades que eu teria considerado. (3) Esses não são os cenários que eu teria estudado. (4) Essa não é uma resposta convincente para mim. Como consequência, o comprometimento com a estratégia tende a ser a exceção, e não a regra, especialmente quando a estratégia representa um desvio significativo do status quo.

A resposta é interação iterativa com o tomador de decisão. Isso significa procurar o executivo responsável logo no início e dizer: "Achamos que esse é o problema que precisamos resolver; até que ponto isso corresponde à sua visão?" Logo depois, os designers de estratégia retornam e dizem: "Aqui estão as possibilidades que queremos explorar, dada a definição do problema com a qual concordamos; até que ponto elas são as possibilidades que você imagina? Estamos esquecendo algo, existe alguma que seja considerada inviável?" Mais tarde, os designers retornam para dizer: "Planejamos fazer essas análises sobre as possibilidades que concordamos que valem a pena explorar; qual a extensão desejada para essas análises, estamos esquecendo de alguma?"

Com essa abordagem, o passo final para realmente introduzir uma nova estratégia é quase uma formalidade. O executivo responsável pela aprovação ajudou a definir o problema, confirmar as possibilidades e ratificar as análises. A direção proposta não é mais uma surpresa. É algo que gradualmente conquistou engajamento ao longo do processo de sua criação.

Quando o desafio é introduzir mudanças em um sistema — por exemplo, estabelecer um novo tipo de negócio ou um novo tipo de escola —, as interações têm que se estender ainda mais, a todos os principais stakeholders. Vamos agora examinar um exemplo desse tipo de design de intervenção, que envolveu um grande experimento em engenharia social que está ocorrendo no Peru.

Construindo um Novo Peru

O Grupo Intercorp é uma das maiores corporações do Peru, controlando quase trinta empresas em uma ampla variedade de setores. Seu CEO, Carlos Rodríguez-Pastor Jr., herdou a empresa do pai, um ex-exilado político que, ao retornar em 1994, liderou um consórcio que comprou um dos maiores bancos do Peru, o Banco Internacional do Peru, do governo. Em 1995, após a morte do pai, Rodríguez-Pastor assumiu o controle do banco.

Rodríguez-Pastor queria ser mais do que um banqueiro. Sua ambição era ajudar a transformar a economia do Peru, aumentando a classe média do país. No recém-renomeado Interbank, ele viu uma oportunidade para criar empregos e atender às necessidades da classe média. Desde o início, no entanto, ele entendeu que não poderia alcançar esse objetivo com a abordagem de "grande homem" à estratégia, típica dos grandes conglomerados controlados por famílias que muitas vezes dominam as economias emergentes. Alcançar esse objetivo exigiria o engajamento cuidadosamente projetado de muitos stakeholders.

Semeando uma cultura de inovação

A primeira tarefa foi tornar o banco competitivo. Para ideias, Rodríguez-Pastor decidiu se inspirar no mercado financeiro líder em seu hemisfério, os Estados Unidos. Ele convenceu um analista de uma corretora dos EUA a deixá-lo participar de uma turnê de investidores nos bancos norte-americanos, mesmo o Interbank não sendo um dos clientes da corretora.

Rodríguez-Pastor percebeu que, se quisesse construir um negócio capaz de desencadear mudanças sociais, absorver alguns insights sozinho e levá-los para casa não seria suficiente. Se ele simplesmente impusesse as próprias ideias, a adesão dependeria em grande parte de sua autoridade — não de um contexto propício à transformação social. Ele precisava que seus gestores aprendessem a desenvolver insights de modo que também pudessem identificar e aproveitar as oportunidades para avançar em sua ambição mais ampla.

Então ele convenceu o analista a permitir que quatro de seus colegas se juntassem à turnê.

Esse incidente foi emblemático de sua abordagem participativa para a elaboração de estratégias, o que permitiu a Rodríguez-Pastor criar uma equipe de gestão forte e inovadora que colocou o banco em uma posição competitiva e diversificou a empresa em uma série de negócios que atendem à classe média: supermercados, lojas de departamento, farmácias e cinemas. Até 2020, a Intercorp, o grupo construído em torno do Interbank, empregava cerca de 75 mil pessoas e projetava receitas de US$5,1 bilhões.

Ao longo dos anos, Rodríguez-Pastor ampliou seu investimento na formação da equipe de gestão. Ele envia gestores todos os anos para programas nas melhores faculdades e empresas (como Harvard Business School e IDEO) e trabalhou com essas instituições para desenvolver novos programas para a Intercorp, descartando ideias que não funcionaram e refinando as que funcionaram. Por exemplo, a Intercorp foi uma das primeiras empresas do mundo a lançar, em conjunto com a IDEO, seu próprio centro de design, o La Victoria Lab. Localizado em uma área promissora de Lima, o centro serve como o núcleo de um crescente hub de inovação urbana.

Mas Rodríguez-Pastor não se limitou a criar um grupo empresarial inovador voltado para consumidores de classe média. O passo seguinte em seu plano de transformação social envolveu levar a Intercorp para além do domínio comercial tradicional.

Das carteiras para os corações e as mentes

A boa instrução é fundamental para uma classe média próspera, mas o Peru era severamente atrasado neste departamento. As escolas públicas do país eram lamentáveis, e o setor privado era pouco melhor em equipar as crianças para um futuro de classe média. A menos que isso mudasse, era improvável que surgisse um ciclo positivo de produtividade e prosperidade. Rodríguez-Pastor concluiu que a Intercorp teria que entrar no negócio de educação com uma proposta de valor voltada para pais de classe média. (Veja o quadro "Design de Intervenção na Innova.")

Ganhar aceitação social para esse empreendimento foi o verdadeiro desafio — complicado pelo fato de que a educação é sempre um campo minado de interesses velados. Portanto, para o sucesso das escolas, seria fundamental um design de intervenção. Rodríguez-Pastor trabalhou em estreita colaboração com a IDEO para mapeá-lo. Eles começaram preparando os stakeholders, que poderiam muito bem recusar a ideia de um grande grupo empresarial operando escolas para crianças — uma proposta controversa, mesmo em um país favorável aos negócios como os Estados Unidos.

Design de Intervenção na Innova

A Innova Schools lançou sua iniciativa de levar educação acessível ao Peru, realizando sessões de informação sobre sua abordagem interativa de aprendizagem com pais e alunos locais.

Projetando um Novo Modelo

A equipe começou explorando a vida e as motivações dos muitos stakeholders da Innova para descobrir como ela poderia criar um sistema que envolvesse professores, alunos e pais.

As ideias começaram a se cristalizar em torno de um modelo habilitado pela tecnologia que mudou o professor de "sábio no palco" para "orientador ao lado" e tornaria as escolas acessíveis e escaláveis. Os professores testaram ferramentas de software e forneceram feedback sobre elas.

À medida que essa estratégia se solidificava, a Innova realizou muitas sessões com professores, pais e líderes escolares para obter feedback sobre o design da sala de aula, discutir maneiras pelas quais as escolas evoluiriam e convidar stakeholders para o processo de implementação.

Foram criadas diretrizes finais de design para o espaço da sala de aula, o cronograma, os métodos de ensino e o papel do professor.

Novembro de 2012: Piloto do Programa

Pilotos completos foram executados em duas salas de aula do sétimo ano em duas escolas. Os professores foram treinados na nova abordagem e o modelo foi repetidamente adaptado para incorporar o feedback em tempo real.

2013–Presente: Implementação e Evolução

Hoje, o modelo de aprendizagem habilitado pela tecnologia está sendo implementado em todas as 29 escolas da Innova, que continua a trabalhar com seus mais de 940 professores para ajudá-los a usar a nova abordagem. Ela também realiza sessões de engajamento dos pais regularmente; busca feedback de professores, treinadores e alunos; e refaz sua metodologia e currículo.

O primeiro passo da Intercorp foi criar um prêmio, em 2007, para "o professor que deixa uma pegada", concedido ao melhor professor em cada uma das 25 regiões do país. O prêmio rapidamente conquistou notoriedade, em parte porque todos os professores que o receberam também ganharam um carro. Isso estabeleceu o interesse genuíno da Intercorp em melhorar a educação no Peru e ajudou a preparar o caminho para professores, funcionários públicos e pais aceitarem a ideia de uma cadeia de escolas de propriedade de um grupo empresarial.

Em seguida, em 2010, a Intercorp comprou uma pequena empresa escolar chamada San Felipe Neri, administrada pelo empresário Jorge Yzusqui Chessman. Com uma escola em operação e mais duas em desenvolvimento, Chessman tinha planos de crescimento, mas a experiência da Intercorp na construção de negócios de grande escala no Peru poderia levar o empreendimento muito além do que ele imaginava. No entanto, a empresa teria que reformular seu modelo existente, que exigia professores altamente qualificados, em escassez no Peru. Rodríguez-Pastor reuniu gestores de seus outros negócios — por exemplo, um especialista em marketing de seu banco, um especialista em instalações de sua rede de supermercados — com a IDEO para criar um novo modelo, a Innova Schools. A iniciativa ofereceria excelente educação a um preço acessível para famílias de classe média.

A equipe lançou um processo de design centrado no ser humano com duração de seis meses, que engajou centenas de alunos, professores, pais e outros stakeholders, explorando suas necessidades e suas motivações, envolvendo-os em abordagens de teste e solicitando seu feedback sobre o layout e sobre as interações da sala de aula. O resultado foi um modelo habilitado para tecnologia que incorporou plataformas, tal como a pioneira de educação online dos EUA, a Khan Academy. Nesse modelo, o professor assume a posição de facilitador, em vez de única fonte de aprendizado.

O desafio do design de intervenção era que os pais poderiam se opor ao aprendizado de seus filhos via notebooks na sala de aula e que os professores poderiam se rebelar contra a ideia de atuar como apoiadores do aprendizado em vez de liderá-lo. Então, após seis meses de preparação, a Innova lançou um piloto em grande escala e recrutou pais e professores para projetá-lo e executá-lo.

O piloto revelou que alunos, pais e professores adoraram o modelo, mas que algumas das suposições eram infundadas. Os pais não se opuseram à abordagem de ensino; na verdade, eles insistiram que os notebooks não fossem retirados ao final do piloto. Além disso, 85% dos alunos usavam os notebooks fora do horário de aula. O modelo foi ajustado com base nos insights do piloto, e tanto os pais quanto os professores se tornaram grandes defensores do modelo Innova em toda a região.

O boca a boca se espalhou, e logo as escolas tinham suas vagas preenchidas antes mesmo de serem construídas. Como a Innova tinha uma reputação de inovação, professores desejavam trabalhar lá, mesmo com salários menores do que os do sistema público. Em 2020, a Innova tinha mais de 60 escolas abertas, atendendo a mais de 50 mil alunos.

Propagando a riqueza

Se seguisse a sabedoria empresarial convencional, a Intercorp teria se concentrado nas partes mais ricas da capital do país, Lima, onde uma classe média estava naturalmente emergindo. Mas Rodríguez-Pastor reconheceu que as províncias também precisavam de uma classe média. E fomentá-la envolvia, obviamente, a criação de empregos. Uma das maneiras de a Intercorp criar empregos era expandir sua rede de supermercados, comprada da Royal Ahold em 2003 e renomeada como Supermercados Peruanos.

Em 2007, a rede começou a abrir lojas nas províncias. Os consumidores locais foram receptivos à ideia. Quando uma loja abriu em Huancayo, clientes curiosos fizeram fila por uma hora ou mais para conhecê-la. Para muitos, era sua primeira experiência com o varejo moderno. Em 2010, a rede operava 67 supermercados em 9 regiões. Hoje, possui 535 lojas em todo o país.

Logo no início, a Intercorp percebeu que empreendimentos de varejo desse tipo arriscavam empobrecer as comunidades locais em vez de enriquecê-las. Embora um supermercado proporcionasse empregos bem remunerados, poderia prejudicar os negócios de agricultores e produtores locais, que em virtude de sua pequena escala e, em geral, baixos padrões de segurança alimentar não poderiam atender aos supermercados, obrigando-os a adquirir suas mercadorias em Lima. Mas os custos logísticos de fazer isso corroeriam as margens de lucro, e, se a rede excluísse os produtores locais, poderia destruir mais empregos do que criar.

A Intercorp precisava, portanto, estimular a produção local por meio do envolvimento precoce nos negócios. Em 2010, a empresa lançou o programa Perú Pasión, com o apoio da Corporación Andina de Fomento (ONG) e do governo regional de Huancayo. O Peru Pasión ajuda agricultores e pequenos fabricantes a aprimorar suas capacidades o suficiente para abastecer os Supermercados Peruanos locais. Ao longo do tempo, alguns desses fornecedores se transformaram em fornecedores regionais ou nacionais por mérito próprio.

Atualmente, os Supermercados Peruanos oferecem 220 produtos de 31 fornecedores diferentes do Peru Pasión. Um deles é a Procesadora de Alimentos Velasquez. Originalmente uma padaria de bairro que atendia algumas pequenas mercearias próximas, a Procesadora começou a abastecer uma loja dos Supermercados Peruanos em 2010 e gerava apenas US$6 mil em vendas anuais. Desde o início do programa, a padaria vendeu mais de US$300 mil em mercadorias por meio do Peru Pasión. A Concepción Lacteos, produtora de laticínios, é outro sucesso. Em 2010, começou a abastecer a loja local dos Supermercados Peruanos e gerava uma receita de US$2.500 em vendas anuais; desde o início do programa, gerou quase US$600 mil em vendas via Peru Pasión. Em 2020, a Intercorp ampliou o programa para criar um marketplace online para pequenos produtores abastecerem todo o portfólio de empresas da Intercorp, e já atraiu 247 fornecedores que geraram mais de US$500 mil em vendas no primeiro ano.

O sucesso da Intercorp em impulsionar a classe média no Peru dependia do design cuidadoso de muitos artefatos: um banco de ponta, um sistema escolar inovador e empresas adaptadas para cidades fronteiriças em todo o Peru. Mas igualmente importante foi o design da introdução desses novos artefatos no status quo. Rodríguez-Pastor mapeou cuidadosamente as etapas necessárias para envolver todas as partes relevantes em sua adoção.

Ele aprofundou as habilidades dos executivos em sua equipe de liderança, aumentou o know-how de design de seu pessoal, conquistou o apoio de professores e pais para a ideia de que um conglomerado poderia fornecer educação e fez parceria com produtores locais para desenvolver a capacidade de abastecer os supermercados. Em conjunto com artefatos bem projetados, essas intervenções cuidadosamente projetadas tornaram a transformação social do Peru uma possibilidade real, e não uma aspiração idealista.

Os princípios dessa abordagem são claros e consistentes. A intervenção é um processo de várias etapas — consistindo em muitos pequenos passos, e não alguns poucos passos grandes. Ao longo de toda a jornada, as interações com os usuários de um artefato complexo são essenciais para eliminar projetos ruins e criar confiança no sucesso dos bons.

O design thinking começou como uma maneira de melhorar o processo de projetar produtos tangíveis. Mas não acaba aí. A história da Intercorp e outras semelhantes mostram que os princípios do design thinking têm o potencial de ser ainda mais poderosos quando aplicados ao gerenciamento dos desafios intangíveis de fazer com que as pessoas se envolvam e adotem novas ideias e experiências inovadoras.*

---

* Este capítulo foi adaptado de Tim Brown e Roger L. Martin, "Design for Action", *Harvard Business Review*, setembro de 2015.

13

Investimento de Capital

Suponha que seu valor é redefinido assim que é incorporado.

Em 2013, Ellen Kullman, então CEO da gigante indústria química DuPont e sob pressão dos acionistas para melhorar os resultados, decidiu vender o negócio de tintas e revestimentos de alta performance, um segmento do portfólio de baixo crescimento e lucro. A Carlyle Group, uma empresa de *private equity*, pagou US$1,35 bilhão para obter a propriedade total do negócio e o renomeou como Axalta. A Carlyle imediatamente se engajou em uma grande reformulação da unidade, que envolveu investimentos bastante agressivos, especialmente nos mercados em desenvolvimento.

Apenas 21 meses depois, a Axalta estava indo tão bem que a Carlyle abriu o capital e recuperou quase todo o seu investimento vendendo apenas 22% da empresa. Em 2016, três anos e meio após a aquisição, a Carlyle vendeu sua participação remanescente, realizando um total de US$5,8 bilhões sobre seu investimento inicial.

Essa é uma história familiar, e que deu aos investidores de *private equity*, tal como Carlyle, KKR e Blackstone, uma reputação de gênios da gestão perspicaz, capazes de desbloquear valor oculto nos ativos mais promissores por meio de uma combinação de gestão rigorosa, boa governança, cuidadoso controle de custos e, acima de tudo, liberdade em relação aos resultados de curto prazo, exigidos pelos investidores nos mercados de capitais.

Não é surpresa, portanto, que os investidores, sempre à procura de maximizar seus retornos, aumentem as participações em fundos de *private equity*. Os mercados de capitais são vistos cada vez mais como um jogo de azar.

E, com uma enxurrada de dinheiro entrando, as empresas de *private equity* passaram da compra de unidades de negócios subvalorizadas para a compra de companhias inteiras cujos acionistas estão insatisfeitos com o desempenho da administração.

No entanto, as célebres reviravoltas das empresas de *private equity* são geralmente lideradas por gestores com longos históricos em grandes corporações de capital aberto, e as saídas ocorrem em um prazo relativamente curto, entre cinco e sete anos. Redução de custos não é um bicho de sete cabeças, e a maioria das práticas de gerenciamento e ferramentas estratégicas que as empresas de *private equity* aplicam — como design thinking e Seis Sigma — são bem conhecidas e amplamente ensinadas. Diante de tudo isso, por que grandes corporações de capital aberto como a DuPont estão tão dispostas a se desfazer de oportunidades lucrativas para investidores privados?

A resposta está enraizada na maneira como muitas — embora não todas, é claro — corporações valorizam seus negócios e projetos. O erro básico que muitos gestores corporativos cometeram (e, os dados sugerem, continuam a cometer) é comparar estimativas de fluxo de caixa futuro com a quantidade de dinheiro investido no negócio. Embora pareça perfeitamente razoável, isso faz com que o cálculo de desempenho seja baseado em um número histórico que rapidamente perde relevância.

E isso nos leva a algo que você precisa saber sobre investimento de capital: *seu valor é redefinido assim que é incorporado*. Como explicarei neste capítulo, uma vez que um investimento é feito em um ativo, as expectativas da empresa em relação ao valor que criará já são tornadas públicas. Então, se uma empresa listada como a DuPont faz um grande investimento em, digamos, sua unidade de tintas e revestimentos — talvez para construir uma fábrica ou entrar em um novo mercado —, essas expectativas são imediatamente agregadas no preço das ações. Se a unidade superar as expectativas, o valor percebido do investimento aumentará, resultando em um maior preço da ação. Se ela simplesmente atender às expectativas, o valor não se moverá e o preço da ação (na ausência de outros fatores) permanecerá inalterado. Mas, se a unidade ficar aquém das expectativas, o mercado reduzirá o preço das ações da DuPont, mesmo que o investimento continue gerando retornos sobre o dinheiro alocado — porque esses retornos não foram tão bons quanto o esperado.

Isso significa que, ao medir o desempenho de seus investimentos, as empresas devem considerar não o dinheiro investido, mas o valor atual do ativo ou da capacidade em que investiram, o que inclui o valor que o mercado já acredita que a empresa criará ou destruirá com esse ativo ou capacidade.

Como veremos, o fracasso dos gestores corporativos em reconhecer isso explica por que empresas de *private equity*, como a Carlyle, continuam a obter enormes lucros com os negócios que compram de empresas como a DuPont. Começarei, no entanto, comparando os vários tipos de ativos em que as empresas investem, porque a desconexão entre a percepção do mercado sobre o desempenho do investimento e a forma como o desempenho é calculado está enraizada na natureza dos ativos envolvidos.

O Capital e Sua Conversibilidade

Uma corporação investe seu capital em muitos tipos de ativos. Em um extremo do espectro, está o que eu chamo de capital *irrestrito* — dinheiro e seus equivalentes, como títulos negociáveis ou qualquer ativo que seja negociável e possa ser rapidamente convertido em dinheiro. Esses ativos são normalmente avaliados no balanço patrimonial pelo seu preço de mercado, que incorpora todas as expectativas atuais sobre o valor que eles criarão.

No outro extremo do espectro, está o capital *incorporado**, que foi investido em um ativo que não é prontamente conversível em dinheiro ou seus equivalentes. Pode ser uma instalação de produção, uma rede de distribuição ou um sistema de software. Também pode ser uma marca ou uma patente. Na ausência de preços de mercado disponíveis, esses ativos são avaliados no balanço patrimonial pelo seu valor de compra menos as despesas acumuladas de depreciação ou amortização (calculadas de acordo com as normas contábeis). Para a maioria das corporações, esses ativos representam grande parte dos investimentos de capital — são eles que permitem que as empresas produzam,

• • • • •

* Os termos capital irrestrito e capital incorporado não estão definidos nas normas de contabilidade. Por serem termos criados e definidos pelo autor, eles foram mantidos. O capital irrestrito deve ser entendido como parte do ativo circulante e o capital incorporado, como os investimentos de capital da empresa (Capex), como o imobilizado, por exemplo. [N. do RT.]

comercializem e distribuam os produtos ou serviços que oferecem, os quais criam valor.

Normalmente, as empresas convertem capital irrestrito em capital incorporado. Quando uma indústria química, por exemplo, constrói uma fábrica de polietileno, está incorporando capital que recebeu de bancos ou investidores em *equity* em um ativo que não pode ser facilmente vendido e convertido em dinheiro. Se o mercado de polietileno afundar ou se a fábrica custar mais do que o esperado, provavelmente ela só poderá ser vendida com grande perda. Claro, se a fábrica for excepcional e bem localizada, poderá ser vendida por um ganho substancial. Mas, de qualquer forma, só conseguirá ser vendida como uma fábrica funcional se for bem mantida e for adequada para o propósito pretendido.

Não é tão ruim quanto parece. Investidores e bancos fornecem capital aos gestores corporativos não para investir em dinheiro e títulos negociáveis, mas para identificar e gerenciar efetivamente ativos produtivos. Como o professor de estratégia Pankaj Ghemawat argumentou em seu livro *Commitment: The Dynamic of Strategy*, a chave para a vantagem competitiva é fazer investimentos que comprometam a corporação a uma determinada capacidade e específico curso de ação. Se você comprar as capacidades e os ativos certos e usá-los bem, eles criarão valor para você na forma de um fluxo de caixa saudável e sustentado. E quanto menos conversíveis forem, mais valor eles criarão.

O argumento de Ghemawat tem suporte empírico. Os economistas William Baumol, John Panzar e Robert Willig, em um livro desconhecido, mas importante, chamado *Contestable Markets and the Theory of Industry Structure*, mostraram que as indústrias onde os principais ativos produtivos eram razoavelmente conversíveis tiveram um desempenho pior do que aquelas que apresentavam o que os autores chamaram de *ativos irreversíveis*. Por exemplo, na indústria de transporte aéreo programado dos EUA, dois dos ativos mais caros são aviões e portões de embarque. Acontece que o mercado de ambos os ativos é muito líquido, o que significa que, quando um entrante investe capital na indústria, consegue extrair esse capital de forma relativamente rápida. O problema é que, quando a indústria está indo bem, as empresas tendem a investir demais, pois o custo do comprometimento é relativamente baixo. Assim, a indústria sofre de excesso de capacidade sistemática. Nesse ambiente, é difícil para uma empresa criar valor de forma consistente e sustentável.

Em última análise, a tarefa dos gestores corporativos é investir em ativos que não são facilmente conversíveis. É incorporando o capital irrestrito que recebem dos investidores que as empresas criam valor. Mas como podemos dizer objetivamente se esses gestores estão fazendo um bom trabalho?

Como as Empresas Mensuram a Criação de Valor

Alfred Rappaport, professor da Kellogg School of Management (autor do influente livro de 1986 *Creating Shareholder Value*), e a empresa de consultoria Stern Stewart foram fundamentais no desenvolvimento das metodologias-padrão para mensurar a criação de valor para os acionistas. O valor agregado ao acionista (SVA, na sigla em inglês), de Rappaport, e o valor econômico agregado (EVA, na sigla em inglês), da Stern Stewart, eram muito semelhantes e ambos envolviam a comparação de dois números: o retorno sobre o capital investido e o custo médio ponderado de capital, que reflete as proporções entre dívida e capital próprio. Para simplificar, vou usar o EVA, porque ele se tornou mais comum.

O EVA expressa o fluxo de caixa líquido esperado como uma porcentagem do valor que a empresa tomou de empréstimos e emissão de ações, conforme relatado em seu balanço patrimonial. Para gerar EVA, os gestores normalmente aplicam o CAPM (modelo de precificação de ativos), cujos insumos estão disponíveis publicamente. Se o retorno sobre o capital investido exceder o custo do capital, a corporação está criando valor. Se for menor, o valor está sendo destruído.

Para um exemplo concreto, vamos analisar a Johnson & Johnson, uma gigante e respeitável indústria de artigos farmacêuticos, dispositivos médicos e produtos de consumo dos EUA. Em 2018, a corporação vendeu US$81,6 bilhões em bens e serviços e gerou US$15,3 bilhões em fluxo de caixa após os impostos. Para gerar esse fluxo de caixa, a J&J empregou uma média de US$89,1 bilhões em capital — composto de capital em circulação e empréstimos de longo prazo, contabilizados como os valores levantados. (Começou o ano com US$90,8 bilhões e terminou com US$87,4 bilhões.) Assim, a J&J obteve um retorno saudável de fluxo de caixa de 17% sobre o capital investido ao longo do ano. Durante o mesmo período, organizações externas estimaram o custo médio ponderado de capital (CMPC ou WACC, na sigla em inglês) da J&J em cerca de 6%. Então, seu EVA positivo foi de 11 pontos percentuais. Outra maneira de pensar sobre isso é em valores absolutos. A J&J implicitamente incorreu em um custo de capital de cerca de US$5,3 bilhões (6% de US$89,1 bilhões) e produziu um fluxo de caixa de US$15,3 bilhões: criou cerca de US$10 bilhões em valor. Isso é conhecido como fluxo de caixa residual (RCF) — ou seja, o valor gerado além do custo de capital. Se o RCF for positivo, a corporação criou valor para o acionista; se negativo, destruiu o valor para o acionista.

No devido tempo, adeptos do EVA começaram a aplicar essa análise de nível corporativo a unidades de negócios individuais para ver quais estavam contribuindo ou reduzindo a criação de valor corporativo, porque a maioria das decisões de investimento de capital incorporado de uma empresa é feita dentro dessas unidades. (Na J&J, apenas 16% do total de ativos em dólar são mantidos no nível corporativo.) Para calcular o custo do capital, os analistas identificam (a partir do relatório financeiro) o valor contábil dos ativos líquidos (ativos fixos mais capital de giro líquido) associados a cada unidade (adicionando, se quiserem ser mais precisos, uma participação pro rata dos ativos corporativos). Multiplicar esse número ajustado pelo custo médio de capital da empresa dá um valor em dólares para um ano de custo de capital para cada unidade de negócio.

Esse tipo de análise permitiu que os gestores corporativos classificassem as unidades de sua empresa em termos de RCF, desde aquelas que geram o maior valor absoluto para o acionista até aquelas que o reduzem ao máximo. Por exemplo, a J&J divide seus negócios em três unidades principais: artigos farmacêuticos (que apresentam medicamentos de grande sucesso como Remicade e Xarelto e geram cerca de US$8,9 bilhões de fluxo de caixa ajustado, enquanto utilizam cerca de 46% dos US$89,1 bilhões em capital investido, a valor contábil); dispositivos médicos (como stents e lentes de contato; US$4,4 bilhões e 35%, respectivamente); e produtos de consumo (Band-Aids, shampoo para bebês, a linha Neutrogena e assim por diante; US$2 bilhões e 19%, respectivamente).

Os gestores corporativos rapidamente adotaram essa abordagem como base para importantes decisões de investimento e desinvestimento. Empresas criadoras de valor acionário justificam mais investimento; as empresas destruidoras de valor acionário justificam a austeridade — não investir dinheiro bom em investimento ruim.

Nada nessa reação à nova ferramenta de medição é completamente destituído de lógica. Por que não financiar empresas que geram dinheiro excedente aos custos de capital e ter muito cuidado com aquelas que não cobrem os custos de capital? Não é isso que os acionistas querem? Não se deve alienar negócios perdedores antes que eles adicionem mais um ano de destruição de valor para o acionista?

Então, por que o preço das ações da J&J caiu em 2018, deixando-a com uma perda de valor de mercado de US$30 bilhões ou mais? Podemos explicar US$23 bilhões como um reflexo de uma queda no mercado geral — mas isso ainda implica que o mercado acreditava que a J&J destruiu mais de US$7 bilhões em valor em vez de criar US$10 bilhões ou mais identificados pela análise-padrão. Se assumirmos que o mercado está sempre certo, algo deve estar errado com o cálculo que acabei de explicar. Isso nos leva a algo contraintuitivo que você precisa saber sobre capital.

Criação de Valor no Momento do Investimento

O preço das ações de uma empresa reflete o valor que os investidores esperam que seja gerado pelo seu portfólio. Agora, vamos imaginar que a J&J surpreendeu o mercado ao anunciar que um novo medicamento de grande sucesso, antes considerado um tiro no escuro, havia recebido aprovação regulatória e que os lucros anuais esperados seriam de cerca de US$6 bilhões ao ano. Vamos imaginar ainda que os analistas concordaram com essa estimativa. Mantidas as demais condições, com um custo de capital de aproximadamente 6%, esses US$6 bilhões por ano em lucro provavelmente fariam com que a capitalização de mercado da J&J aumentasse em US$100 bilhões.

Além disso, o preço das ações da J&J não subiria a uma taxa de US$397 milhões por dia de negociação (252 dias por ano), porque esse valor é o lucro extra que a J&J ganharia por dia de negociação. Em vez disso, o mercado receberia as notícias, descontaria todos os fluxos futuros de caixa extras decorrentes do novo medicamento e aumentaria a capitalização de mercado em US$100 bilhões imediatamente. Isto é, claro, diante de informações perfeitas. Se a informação fosse lenta e seletiva, poderia levar algum tempo para que o impacto de US$100 bilhões se materializasse. Mas, independentemente disso, o impacto foi predeterminado no momento em que ocorreu a aprovação regulatória inesperada.

Então, novamente, isso é algo contraintuitivo que você precisa saber sobre o capital: *qualquer investimento em um ativo estabelece expectativas de que o valor será criado ou destruído no futuro, o que deve ser imediatamente refletido no valor do capital.*

É exatamente por isso que a Alphabet negocia em geral oito vezes seu valor contábil. Os investidores há muito reavaliaram para cima o capital incorporado no negócio de pesquisa do Google — um negócio espetacularmente lucrativo, que os cálculos tradicionais revelariam ter um EVA muito alto. Mas isso por si só não faria com que o preço das ações da Alphabet subisse. Os investidores só apostariam em uma alta das ações se soubessem que a empresa havia descoberto como gerar um RCF positivo depois de obter um custo de capital que incorpore o valor já embutido no preço das ações, não o investimento histórico. A única coisa que eleva o preço das ações é uma nova informação positiva.

Lembre-se de como o capital incorporado é avaliado: ele é contabilizado como o dinheiro gasto para adquirir o ativo, ajustado pela depreciação e amortização. Parece ilógico que levemos em consideração as expectativas de valor futuro quando avaliamos todo o portfólio de uma empresa, mas não quando estamos estimando o valor dos ativos desse portfólio — e, portanto, do capital incorporado — na unidade de negócios individual ou no nível do projeto.

Além disso, ao não considerar imediatamente o valor que se espera que um investimento ajude a criar, o método tradicional pressupõe implicitamente que o novo valor investido produzirá os mesmos retornos que o anterior. Ou seja, se o investimento já incorporado em um negócio está destruindo (ou criando) valor para o acionista, o investimento adicional fará o mesmo. Claro, pode ser que sim: há uma boa chance de que as empresas vencedoras tenham escolhido uma estratégia ou modelo de negócios vencedor, portanto, aumentar a aposta criaria ainda mais valor para o acionista. E as empresas perdedoras podem muito bem ter escolhido uma estratégia perdedora, então aumentar a aposta apenas resultaria em mais destruição de valor.

Mas história não é destino, e raramente fica claro que o valor incremental em investimento de capital em um negócio de alto RCF (isto é, como tradicionalmente calculado) também criará valor. Depende inteiramente da natureza do projeto envolvido. O problema é — e aqui está a armadilha — que, se o negócio já gera um alto RCF contábil positivo, quase certamente continuará a fazê-lo após o investimento adicional, pois é improvável que esse investimento seja grande em comparação com os investimentos históricos acumulados. Portanto, mesmo que o novo investimento realmente *destrua* o valor para o acionista, o RCF contábil geral ainda será alto — levando executivos de alto nível a pensar que investir no negócio continua sendo uma boa ideia quando realmente não é.

Da mesma forma, não é óbvio que mais investimento de capital em um negócio de RCF negativo não criará valor. É perfeitamente concebível que, mais do que qualquer outra coisa, o negócio precise de uma injeção de capital. No entanto, a menos que essa injeção seja extraordinariamente bem-sucedida, o negócio provavelmente ainda gerará um RCF geral negativo, porque, mesmo que o novo investimento realmente crie muito valor para o acionista, provavelmente não poderá desfazer de uma só vez todos os pecados dos investimentos passados — levando os executivos a pensar que é um investimento ruim quando não é.

Como podemos evitar cair nessa armadilha?

Uma Nova Abordagem

A resposta está na forma como o custo de capital é calculado. Deve refletir imediatamente as expectativas de valor criado ou destruído no momento em que o capital irrestrito é transformado em capital incorporado.

No nível da empresa, o cálculo é bastante simples: a qualquer momento, o fluxo de caixa esperado de uma corporação dividido pelo valor de mercado de seu patrimônio líquido e dívidas combinados gera uma métrica chamada *retorno esperado do fluxo de caixa sobre a capitalização de mercado*. Essa é a taxa de retorno que um investidor esperaria obter ao comprar ações naquele momento.

No nível da unidade de negócios, o valor do capital integralizado pode ser calculado dividindo o fluxo de caixa da unidade pelo retorno do fluxo de caixa sobre a capitalização de mercado da controladora. Os valores de capital de todas as unidades de negócios serão contabilizados no valor de mercado de toda a corporação. Especialistas em finanças podem apontar que essa abordagem não leva em conta adequadamente diferentes níveis de risco sistemático e diferentes estruturas de capital ideal entre empresas e projetos dentro da corporação, de modo que o custo médio ponderado de capital para cada empresa e, portanto, o custo de capital, exigiria ajustes adicionais. Mas, em geral, isso é um pequeno problema, porque a maioria dos investidores não consegue simplesmente aplicar o CMPC geral da empresa a cada projeto ou unidade de negócios.

Se o valor de mercado levar em conta imediatamente todas as informações disponíveis sobre o valor, incluindo o valor conhecido pelo mercado como tendo sido criado ou destruído, o RCF no momento do investimento deve ser zero e o custo de capital é igual ao retorno esperado do capital dos novos investidores.

Depois que o investimento é feito, o que cria ou destrói o valor do capital é uma nova informação que faz com que gerentes e analistas revisem suas expectativas sobre o fluxo de caixa futuro; o novo consenso faz com que o preço das ações mude. Voltando à J&J e às hipotéticas boas notícias do regulador: o custo de capital para o negócio em que o novo medicamento de grande sucesso foi criado — digamos, oncologia — deveria ter aumentado imediatamente em US$6 bilhões por ano, valor que os acionistas começaram a esperar do negócio no momento em que as notícias regulatórias foram incorporadas ao preço das ações. Novos investidores que compram esse capital de investidores atuais por meio de aquisição de ações estariam pagando pelo valor agregado. Da mesma forma, se a J&J tivesse dado uma indicação de que estava revisando as expectativas de lucros ao final do ano no setor de oncologia para cima ou para baixo em, digamos, 10%, essa informação deveria ter levado a um ajuste de seu custo de capital.

Vamos agora ver se o uso dessa abordagem pode explicar por que a J&J acabou destruindo US$7 bilhões ou mais, em vez de criar os US$10 bilhões sugeridos pelos cálculos básicos do EVA. Como observado acima, os negócios da J&J geraram um fluxo de caixa de US$15,3 bilhões em 2018. Os dados do relatório anual indicaram que ela usou US$89,1 bilhões em capital para gerar esses retornos.

O Erro Comum no Cálculo da Criação de Valor

A maioria das empresas usa o retorno sobre o capital investido (ROIC, na sigla em inglês) para avaliar o desempenho de um negócio. Mas calcular o ROIC requer estimar com precisão o custo de capital da empresa — e muitos gerentes fazem isso incorretamente, concentrando-se no valor contábil (ou custo histórico) do investimento, e não no atual valor de mercado desse capital (com base no preço das ações da empresa). Veja o exemplo da Johnson & Johnson mostrado na Figura 13-1 para entender as armadilhas dessa abordagem.

No entanto, no final de 2017, o valor de mercado do patrimônio líquido e das dívidas de longo prazo da J&J era de US$405,5 bilhões — cerca de US$316 bilhões acima do valor de livro. Esse é o valor que o investimento de US$89,1 bilhões havia criado ou deveria criar até o final de 2017, de acordo com tudo o que os investidores sabiam sobre os ativos, os planos da administração e o ambiente de negócios da J&J. Qualquer um que quisesse investir na J&J naquele momento teria que pagar pelo valor agregado então incorporado, conforme refletido no preço. Isso significa que os investidores que compraram ações da J&J em 1º de janeiro de 2018 estariam considerando o retorno anual esperado de US$405,5 bilhões, não os US$89,1 bilhões registrados; caso contrário, não teriam investido na avaliação de US$405,5 bilhões. O retorno do próximo valor investido é o que seria relevante para eles, e eles esperariam que esse retorno fosse, no mínimo, os 6% do CMPC da empresa. Então, o que eles ganharam?

Pelas medições típicas, a J&J teve um ótimo ano em 2018. As vendas subiram quase 7%. O retorno após impostos sobre o capital contabilizado foi de 17% contra um custo de capital de 6%. Mas o retorno dos fluxos de caixa sobre a capitalização de mercado foi, como mostra a figura, muito menos impressionante, chegando a 3,8% — mais de dois pontos percentuais abaixo do custo de capital da J&J. Isso representa uma destruição do valor para o acionista de US$9 bilhões (pouco mais de 2% dos US$405,5 bilhões) ao longo do ano, mais que suficiente para explicar US$7 bilhões de participação nocional na perda de US$30 bilhões no valor de mercado de seu capital. De fato, como mostra a figura, nenhum dos três negócios da J&J obteve retorno sobre o custo de capital de mercado.

Investimento de Capital **185**

FIGURA-13-1

Avaliações alternativas da J&J

ABORDAGEM DO VALOR CONTÁBIL MÉDIO

A maioria das equipes de gerenciamento usa o **valor patrimonial médio** do capital ao avaliar os retornos. Mesmo depois de subtrair seu custo de capital (6%), os negócios da J&J parecem ter um bom desempenho. (Todos os números estão em bilhões de dólares.)

Unidades de negócios	Valor patrimonial médio do capital	Fluxo de caixa total em 2018 (% retorno)		Custo de capital (6% do valor patrimonial médio)		Fluxo de caixa real
Farmacêuticos	$40,8	$8,9 (21,8%)	–	$2,4	=	$6,5
Dispositivos médicos	$31,1	$4,4 (14,1%)	–	$1,9	=	$2,5
Consumo	$17,2	$2,0 (11,6%)	–	$1,0	=	$1,0

Por exemplo, nos livros da J&J, a empresa investiu US$40,8 bilhões em seu negócio farmacêutico...
... o que lhe daria US$6,5 bilhões em fluxo de caixa real após o ajuste para o custo de capital.

ABORDAGEM DO VALOR DE MERCADO

Mas, se fizermos os mesmos cálculos usando o **valor de mercado** do capital que a J&J investiu em cada negócio, os resultados são muito diferentes. Na verdade, os negócios da J&J estão gerando fluxo de caixa negativo depois que seu custo real de capital é incorporado corretamente, o que ajuda a explicar o fraco desempenho das ações da J&J durante esse período.

Unidades de negócios	Valor de mercado do capital	Fluxo de caixa total em 2018 (% retorno)		Custo de capital (6% do valor de mercado)		Fluxo de caixa real
Farmacêuticos	$236,5	$8,9 (3,8%)	–	$14,2	=	–$5,3
Dispositivos médicos	$115,1	$4,4 (3,8%)	–	$6,9	=	–$2,5
Consumo	$53,9	$2,0 (3,7%)	–	$3,2	=	–$1,2

Mas a abordagem do valor de mercado mostra que os investidores consideram US$236,5 bilhões como seu investimento em artigos farmacêuticos...
... o que torna seu fluxo de caixa real negativo.

A ideia de que o valor do capital deve sempre incorporar as expectativas atuais pode ajudar a explicar por que as empresas de *private equity* se saem tão bem. Grandes corporações que avaliam o desempenho dos negócios com base no EVA tradicional provavelmente procuram se despojar do que consideram negócios que oferecem poucas perspectivas de criação de valor e, portanto, não merecem seu tempo ou seu dinheiro. O que as empresas de *private equity* veem é uma oportunidade de arbitragem para comprar capital a um preço que capture as expectativas artificialmente baixas da corporação. Se as empresas pudessem de fato reconhecer que os mercados de capitais lidam com expectativas em vez de fatos históricos e tomassem decisões de investimento de acordo, as empresas de *private equity* provavelmente perderiam uma de suas maiores fontes de lucro.*

---

* Este capítulo foi adaptado de Roger L. Martin, "What Managers Get Wrong about Capital", *Harvard Business Review*, maio-junho de 2020.

14

Fusões e Aquisições

É preciso oferecer valor para obter valor.

Em 2015, menos de uma década após uma crise financeira global, o mundo dos negócios estabeleceu um recorde de fusões e aquisições, ou M&A, na sigla em inglês, como o termo é mais conhecido. O valor das negociações superou o recorde anterior, estabelecido em 2007, que por sua vez já havia superado um pico anterior de 1999. E a festa ainda não acabou, apesar de uma pandemia global e da turbulência política nos Estados Unidos e na Europa. O volume aumentou em 2016 em relação a 2015 e em 2017 em relação a 2016. Seis dos sete melhores anos de todos os tempos para a atividade de M&A foram 2015–2020.

Uma das manifestações do frenesi de M&A é o surgimento das companhias de propósito específico de aquisição, ou SPACs, na sigla em inglês e também utilizada no Brasil, que apareceram pela primeira vez na década de 1990, mas se mantiveram em grande parte adormecidas até recentemente, com uma ocorrência de vinte SPAC IPOs ao ano até 2016. Esse número explodiu para 248 SPAC IPOs em 2020 e para 435 nos três primeiros trimestres de 2021. Essas empresas levantam capital sem nenhuma operação existente, apenas com a promessa de aquisição de um negócio.

O boom parece imune ao crescente padrão de fracassos gigantescos. Todos pensamos que os cenários elencados a seguir foram terríveis o suficiente: a perda de 96% do valor do negócio de dispositivos móveis que a Microsoft havia adquirido da Nokia por US$7,2 bilhões no ano anterior; a venda por US$2,9 bilhões do negócio de dispositivos móveis que o Google havia adquirido da Motorola por US$12,5 bilhões em 2012; a perda da HP de US$8,8 bilhões da aquisição da Autonomy por US$11,1 bilhões; a venda do MySpace pela News Corporation, em 2011, por meros US$35 milhões depois de adquiri-lo por US$580 milhões apenas seis anos antes; e a venda do Tumblr pelo Yahoo por US$3 milhões em 2019, com uma perda de 99,7%, meros seis anos depois de adquiri-lo por US$1,1 bilhão.

Mas esses exemplos empalideceram em comparação aos desastres de M&A em 2021. Com apenas alguns meses de intervalo — em fevereiro e maio de 2021 —, a AT&T desmembrou sua subsidiária da DirecTV por US$16 bilhões e a da Time Warner por US$43 bilhões, respectivamente. Desmembrar empresas não é inerentemente uma coisa ruim — na verdade, muitos elogiaram a AT&T por se livrar de negócios que não se encaixavam em seu portfólio. No entanto, esses desmembramentos assumem uma percepção diferente quando considerados no contexto de seus preços de aquisição: US$48 bilhões no caso da DirecTV, em 2015, e US$85 bilhões no caso da Time Warner, em 2018. São US$74 bilhões em capital acionário jogados no lixo em menos de seis anos. Sem surpresa, os acionistas exigiram o desligamento de Randall Stephenson, CEO responsável pelas transações, e ele foi aposentado em 2021.

Claro, há exemplos de sucesso. A compra da NeXT em 1997 pelo que agora parece um valor trivial de US$404 milhões salvou a Apple e preparou o terreno para o maior acúmulo de valor para o acionista na história corporativa. A compra do Android por US$50 milhões em 2005 deu ao Google a maior presença em sistemas operacionais de smartphones, um dos mercados de produtos mais importantes do mundo. E a aquisição da GEICO por Warren Buffett, entre 1951 e 1996, criou o ativo fundamental da Berkshire Hathaway. E, embora seja cedo para dizer, a aquisição da TD Ameritrade pela Charles Schwab, em 2020, parece estar indo na direção certa. Mas essas são as exceções que provam a regra, confirmada por quase todos os estudos: M&A são um jogo de azar, em que normalmente 70% a 90% das aquisições são fracassos colossais.

Por que o histórico é tão ruim? A resposta surpreendentemente simples é algo contraintuitivo que você precisa saber sobre fusões e aquisições: *é preciso fornecer valor para obter valor*. As empresas que se concentram no que obterão de uma aquisição são menos propensas a ter sucesso do que aquelas que se concentram no que têm para oferecer. (Essa percepção ecoa a de Adam Grant, que observa em seu livro *Dar e Receber* que as pessoas que se concentram mais em dar do que em receber no reino interpessoal se saem melhor do que aquelas que se concentram em maximizar sua própria posição.)

Por exemplo, quando uma empresa usa uma aquisição para entrar em um mercado atraente, geralmente está no modo "receber". Esse foi o caso em todos os desastres que acabamos de citar. A AT&T queria entrar no segmento de distribuição de TV via satélite e de criação e entrega de conteúdo. A Microsoft e o Google queriam entrar no segmento de hardware de smartphones; a HP queria entrar no de pesquisa corporativa e de análise de dados; e a News Corporation queria entrar no de redes sociais. Quando um comprador está no modo receber, o vendedor pode elevar seu preço para extrair todo o futuro valor cumulativo da transação — especialmente se outro comprador em potencial estiver na equação. A AT&T, a Microsoft, o Google, a HP, a News Corporation e o Yahoo pagaram caro por suas aquisições, o que por si só dificultaria o retorno sobre o capital. Mas, além disso, nenhuma dessas empresas entendia seus novos mercados, o que contribuiu para o fracasso final desses negócios, porque isso significava que elas não agregaram nada às aquisições.

Mas, se você tem algo a oferecer que tornará uma empresa adquirida mais competitiva, o cenário muda. Enquanto a empresa adquirida não conseguir fazer esse aprimoramento por conta própria ou — idealmente — com qualquer outro adquirente, você, em vez do vendedor, ganhará as recompensas que fluem do aprimoramento. Um adquirente pode melhorar a competitividade de seu alvo de quatro maneiras: sendo um provedor mais inteligente de capital de crescimento; fornecendo melhor supervisão gerencial; transferindo habilidades valiosas; e compartilhando capacidades valiosas. Vejamos cada uma delas com mais detalhes.

Seja um Provedor Mais Inteligente de Capital de Crescimento

A criação de valor decorrente de ser um melhor investidor funciona bem em países com mercados de capitais menos desenvolvidos e é parte do grande sucesso de conglomerados indianos como o Tata Group e o Mahindra Group. Eles adquirem (ou iniciam) empresas menores e financiam seu crescimento de uma maneira que os mercados de capitais indianos não conseguem.

É mais difícil fornecer capital dessa maneira em países com mercados de capitais avançados. Nos Estados Unidos, por exemplo, os ativistas muitas vezes forçam as empresas diversificadas a se separarem porque as atividades bancárias corporativas não conseguem mais agregar valor competitivo aos seus negócios constituintes. Grandes empresas como ITT, Motorola e Fortune Brands, e outras menores como Timken e Manitowoc, foram desmembradas por esse motivo. Até a GE encolheu drasticamente. Um dos maiores negócios de 2015 foi a proposta de fusão de US$68 bilhões e subsequente divisão em três empresas da DuPont e da Dow, que resultou da pressão implacável de ativistas sobre a DuPont. Mais recentemente, o anúncio de 2020 da intenção da IBM de se dividir em dois negócios até o final de 2021 foi recebido favoravelmente.

Mas, mesmo nos países desenvolvidos, ser um investidor melhor dá espaço para a criação de valor. Em indústrias novas e de rápido crescimento, que experimentam considerável incerteza competitiva, os investidores que entendem seu domínio podem agregar muito valor. No espaço da realidade virtual, por exemplo, os desenvolvedores de aplicativos estavam confiantes de que a Oculus seria uma nova plataforma de sucesso depois de sua aquisição pelo Facebook, em 2014, porque tinham certeza de que o Facebook forneceria os recursos necessários. Então, eles desenvolveram aplicativos para isso, o que, por sua vez, aumentou as chances de sucesso da plataforma.

Outra maneira de fornecer capital de forma inteligente é facilitar o agrupamento de uma indústria fragmentada na busca de economias de escala. Essa é a ferramenta favorita das empresas de *private equity*, que ganharam bilhões com essa estratégia. Nesses casos, o provedor mais inteligente de capital é geralmente o maior player existente no setor, porque oferece a maior escala para cada aquisição (até que os retornos da escala sejam máximos). É claro que nem todas as indústrias fragmentadas têm o potencial de oferecer economias de escala ou escopo — uma lição aprendida da maneira mais difícil pelo Loewen Group (Alderwoods após a falência). O Loewen desenvolveu o negócio de casas funerárias até se tornar o maior player norte-americano do setor — com ampla margem sobre os concorrentes —, mas seu tamanho por si só não criou nenhuma vantagem competitiva significativa sobre os concorrentes locais ou regionais.

As economias de escala não estão necessariamente enraizadas nas eficiências operacionais. Muitas vezes surgem por meio da acumulação de poder de mercado. Depois de eliminar os concorrentes, os grandes players podem cobrar preços mais altos pelo valor entregue. No entanto, se essa é a estratégia, eles inevitavelmente acabam brincando de gato e rato com os reguladores antitruste, que às vezes prevalecem — como ocorreu nas tentativas de fusões da GE e Honeywell, Comcast e Time Warner, AT&T e T-Mobile, e DirecTV e Dish Network.

Forneça Melhor Supervisão Gerencial

A segunda maneira de melhorar a competitividade de uma aquisição é fornecer uma melhor direção estratégica, organização e disciplinas de processo. E isso pode ser mais fácil dizer do que fazer.

A Daimler-Benz, uma corporação bem-sucedida, de alto nível e com sede na Europa, pensou que poderia implementar uma gestão geral muito melhor para a Chrysler, empresa modestamente bem-sucedida, de médio porte e com sede nos EUA, e aprendeu uma dolorosa lição de US$36 bilhões. Da mesma forma, a GE Capital tinha certeza de que poderia oferecer uma melhor gestão para as muitas empresas de serviços financeiros que comprou no intuito de transformar uma pequena linha secundária na maior unidade da GE. Enquanto o setor de serviços financeiros dos EUA estava crescendo drasticamente em relação à economia do país em geral, parecia que a GE estava no rumo certo — a abordagem da empresa à gestão era superior e agregava valor a essas aquisições. Mas, quando a festa chegou ao fim para todo o setor durante a crise financeira global, a GE Capital quase arruinou todo o grupo. Talvez a GE Capital tenha melhorado um pouco as operações das empresas adquiridas, mas essas melhorias perderam força em comparação ao enorme aumento no risco assumido pela GE Capital.

A Berkshire Hathaway tem um longo histórico de comprar empresas e impulsionar seu desempenho por meio de sua supervisão gerencial, mas Warren Buffett admitiu publicamente que pagou um valor excedente substancial por sua parte no acordo com a Kraft Heinz, em colaboração com a 3G Capital, empresa brasileira de *private equity*.

O conglomerado norte-americano Danaher pode oferecer o melhor exemplo de agregação de valor por meio da gestão. Desde a sua criação, em

1984, fez mais de 400 aquisições e cresceu para uma empresa de US$27 bilhões com uma capitalização de mercado acima de US$230 bilhões no final de 2021. Observadores e executivos da Danaher atribuem seu histórico quase ininterrupto de sucesso ao Danaher Business System, que gira em torno do que a empresa chama de "os quatro Ps: pessoas, plano, processo e performance", implementado, executado e monitorado em todos os negócios, sem exceção. Segundo a Danaher, para que o sistema seja bem-sucedido, ele deve melhorar a vantagem competitiva na empresa adquirida, não apenas aprimorar o controle financeiro e a organização. E isso deve se converter em ação, não apenas em palavras.

Transfira Habilidades Valiosas

Um adquirente também pode melhorar materialmente o desempenho de uma aquisição transferindo uma habilidade, ativo ou capacidade específica — muitas vezes funcional — de forma direta, possivelmente por meio da redistribuição de pessoal específico. A habilidade deve ser fundamental para a vantagem competitiva e mais desenvolvida no adquirente do que na aquisição.

Um exemplo histórico é a transferência da Pepsi-Cola para a Frito-Lay — depois da fusão de ambas em 1965 — das habilidades para administrar um sistema de logística de entrega direta à loja (DSD, na sigla em inglês) — uma chave para o sucesso competitivo na categoria de salgadinhos. Vários gerentes de DSD da PepsiCo foram designados para liderar as operações da Frito-Lay. No entanto, a aquisição da Quaker Oats pela PepsiCo, em 2000, foi menos satisfatória, porque a maioria das vendas da Quaker envolvia o método tradicional de entrega em armazém, no qual a PepsiCo não tinha vantagem de habilidade sobre a Quaker.

A compra do Android pelo Google oferece um exemplo moderno de transferência bem-sucedida. Como uma das maiores empresas de software do mundo, o Google poderia turbinar o desenvolvimento do Android e ajudar a transformá-lo no sistema operacional dominante de smartphones — mas deixava a desejar em relação ao negócio de dispositivos móveis centrado em hardware da Motorola, no qual o Google não tinha vantagem especial.

Claramente, esse método de agregar valor requer que a aquisição envolva um segmento familiar. Se o adquirente não conhece o novo negócio intimamente, pode acreditar que suas habilidades são valiosas quando não são. E, mesmo quando são de fato valiosas, pode ser difícil transferi-las de forma eficaz, especialmente se a empresa adquirida não for receptiva.

Compartilhe Capacidades Valiosas

A quarta maneira é o adquirente compartilhar, em vez de transferir, uma capacidade ou um ativo. Aqui, a empresa adquirente não transfere pessoal ou reatribui ativos; apenas os disponibiliza.

A Procter & Gamble compartilha sua capacidade multifuncional de equipe de clientes e sua capacidade de compra de mídia com suas aquisições. Esta última capacidade pode reduzir os custos de publicidade em 30% ou mais, mesmo em grandes aquisições. Em alguns casos, ela também compartilha uma marca poderosa — por exemplo, a Crest para a SpinBrush e para o fio dental Glide. (Essa abordagem não funcionou para a aquisição da Norwich Eaton Pharmaceuticals, em 1982, cujos canais de distribuição e de promoção de produtos diferiam dos da P&G.)

A Microsoft compartilhou sua poderosa capacidade de vender o pacote Office para compradores de PC ao incluir o software Visio no Office, após a aquisição da empresa em 2000, por cerca de US$1,4 bilhão. Mas não tinha capacidade valiosa para compartilhar quando comprou o negócio de celulares da Nokia.

Quando o foco é fornecer valor, o sucesso está em entender a dinâmica estratégica subjacente e garantir que o compartilhamento realmente aconteça. Na fusão da AOL e da Time Warner por US$164 bilhões em 2001 — aclamada como a M&A mais emblemática de todos os tempos —, surgiram argumentos vagos de como a Time Warner poderia compartilhar sua capacidade de conteúdo com o provedor de serviços de internet. Mas a economia do compartilhamento não fazia sentido. A criação de conteúdo é um negócio altamente sensível à escala, e quanto mais ampla for a distribuição de um conteúdo, melhor será a economia para o seu criador. Se a Time Warner tivesse compartilhado seu conteúdo exclusivamente com a AOL, que então detinha aproximadamente 30% do mercado de provedores de internet (ISP, na sigla em inglês), teria ajudado a AOL competitivamente, mas se prejudicaria ao descartar os outros 70% do mercado. E, mesmo que a Time Warner tivesse se limitado a dar tratamento preferencial à AOL, os outros participantes do mercado poderiam muito bem ter retaliado boicotando seu conteúdo.

Então, o que Está Impulsionando a Festa?

Como os precedentes sugerem, muito poucos negócios de fusões e aquisições criam valor e aqueles que o fazem geralmente exigem uma gestão cuidadosa e uma compreensão muito boa do que impulsiona o valor da empresa adquirida. Sendo franco, poucos adquirentes têm capacidade para fazer uma aquisição. Então, por que tantas empresas persistem em usar M&A como estratégia?

Tal como acontece com muitos fatores no mercado, a resposta são os incentivos perversos. O sistema em que os CEOs operam é tendencioso de duas maneiras que incentivam a participação no jogo de loteria que são as fusões e aquisições. Primeiro, com o aumento da remuneração baseada em ações desde a década de 1990, o valor de uma aposta de aquisição bem-sucedida é muito maior para o CEO. Se a aquisição der ao preço das ações um impulso positivo, o benefício pessoal para o CEO é enorme. Além disso, os pacotes de remuneração estão fortemente correlacionados com o tamanho da empresa, e uma aquisição a torna maior. Mesmo aquisições fracassadas podem ser pessoalmente lucrativas. As negociações da Mattel-Learning Company e da HP-Autonomy estão entre as mais desastrosas da história recente, e custaram aos CEOs Jill Barad e Léo Apotheker seus empregos. Mas Barad recebeu um pacote de indenização compensatória de US$40 milhões, e Apotheker, de US$25 milhões.

O segundo viés (pelo menos nos Estados Unidos) vem de uma fonte improvável: o Financial Accounting Standards Board (FASB). Antes do estouro da bolha das pontocom, em 2001, os ativos intangíveis eram amortizados ao longo de um período de quarenta anos. Após o estouro, os ativos avaliados em bilhões de dólares foram considerados inúteis, então o FASB decidiu que, no futuro, os auditores de uma empresa declarariam se os ativos intangíveis sofreram depreciação e, em caso afirmativo, exigiriam que fossem imediatamente amortizados no montante da referida desvalorização.

A consequência não intencional dessa mudança foi tornar as aquisições mais atraentes porque os lucros da empresa adquirente não seriam mais reduzidos todos os anos por uma amortização automática. Na era moderna das aquisições, portanto, tudo o que um CEO precisa fazer é convencer o auditor de que o ativo adquirido não está depreciado e que uma aquisição não terá impacto negativo nos lucros, mesmo que seja feita a um preço extraordinário. Geralmente, isso é bastante simples, desde que o negócio principal da empresa esteja indo bem e sua capitalização de mercado seja maior do que seu valor contábil.

Dado o viés sistemático em favor da concretização da negociação, ao qual podemos adicionar a psicologia machista e o afago ao ego de fazer um grande negócio ou o interesse dos consultores financeiros, é provável que continuemos a testemunhar mais e mais negociações destruidoras de valor nos próximos anos. Mas isso não deve necessariamente impedi-lo de usar a estratégia de M&A. Se você mudar seu pensamento em relação à M&A, ela pode ser uma maneira muito bem-sucedida de crescer. O segredo é parar de pensar em aquisições como se os alvos fossem joias a serem extraídas. Pense em fusões e aquisições como um encontro de mentes, no qual o adquirente ajuda o alvo a realizar plenamente seu potencial de criação de valor, disponibilizando novas oportunidades, oferecendo gerenciamento mais inteligente e fornecendo acesso a capacidades novas e complementares.*

---

* Este capítulo foi adaptado de Roger L. Martin, "M&A: The One Thing You Need to Get Right", *Harvard Business Review*, junho de 2016.

Posfácio

Espero que este livro tenha feito você pensar — ou, mais precisamente, repensar. Você já deve ter sofrido com o fracasso dos modelos dominantes — não de todos os quatorze, mas provavelmente mais do que apenas alguns. Espero ter convencido você de que deve parar de se culpar por ter aplicado mal o modelo. A probabilidade é que não tenha sido sua culpa, mas, sim, do modelo.

Não espero que você adote completamente o modelo alternativo que apresentei em cada capítulo com base em meu argumento. Mas espero que ao menos experimente o modelo alternativo. É assim que você vai seguir em frente e aprender. Não é possível aprender se continuar a reaplicar o modelo defeituoso e a experimentar sua ineficácia; você simplesmente reconfirmará que ele não traz resultados. É testando modelos, observando os resultados e, em seguida, experimentando um novo modelo quando os resultados prometidos não se materializam que você embarcará em uma jornada de aprendizado positiva.

E, à medida que progride nessa jornada, tenha em mente que você é o chefe: *você controla seus modelos*. Se continuar se culpando pelo fracasso do modelo que está usando, mas continuar tentando usar o mesmo modelo de forma mais eficaz, então é o modelo que controla você. É como conceder a ele um monopólio sobre o uso de seu cérebro. Se, em vez disso, você cobrar seu modelo pelos resultados que promete e descartá-lo quando fracassar em testes repetidos, então é você quem está no controle. Se o modelo não tiver um bom desempenho, jogue-o fora.

Claro, é preciso oferecer ao modelo existente uma chance justa de funcionar. Os modelos não se tornam dominantes sem motivo. Mas eu encorajaria uma dose saudável de impaciência. É um tipo de promessa: se usar o modelo, ele produzirá os seguintes resultados para você. Como acontece com qualquer produto, se ele fracassar visivelmente em cumprir sua promessa, não se sinta obrigado a continuar acreditando.

No entanto, sou realista. Irei para o meu túmulo sabendo que alguns dos modelos que proponho não serão adotados de forma mais geral. Talvez aquele que eu consideraria ter menos chances seja a minha abordagem à execução, descrita no Capítulo 10. Meu pessimismo é baseado em duas conversas recentes bastante desanimadoras que tive em torno da ideia — uma com um acadêmico que está entre os principais estudiosos de administração do mundo; a outra com uma profissional da área, chefe de treinamento e desenvolvimento de uma proeminente empresa de tecnologia da Bay Area. Em ambos os casos, estávamos falando sobre o ditado frequentemente citado de que "uma ideia medíocre bem executada é melhor do que uma ótima ideia mal executada", que ambos usaram: o acadêmico em um tuíte e a profissional da área em uma declaração de princípios da empresa.

Fiz a cada um deles uma pergunta fundamental sobre a lógica de sua afirmação: como eles saberiam que uma ideia era "ótima" se fosse "mal executada"? É fácil imaginar como saber que era "uma ideia medíocre bem executada". Os resultados seriam os esperados e seriam medíocres. E é possível imaginar como saber que algo foi mal executado. Os resultados seriam decepcionantemente piores do que o esperado. Mas como saber se a ideia por trás disso era ótima ou não, quando a única coisa que é observável é que a ideia não conseguiu gerar resultados?

A profissional da área não soube responder. Ou seja, ela não tinha noção de como julgaria se a ideia em questão era "ótima". Quando perguntei como ela poderia apoiar um princípio de sua empresa de que "uma ideia medíocre bem executada é melhor do que uma ótima ideia mal executada", quando não era capaz nem de definir o que é uma ótima ideia, ela disse que era um princípio importante para garantir a orientação para a ação. Infelizmente, não ocorreu a ela que o princípio garantiria uma orientação para a ação focada em ideias medíocres. Para minha decepção, ela mostrou zero interesse em considerar a viabilidade ou a conveniência do modelo ao qual se dedicava.

O acadêmico, é claro, tinha uma resposta. Estudiosos sempre têm uma resposta. Para ele, a grandiosidade de uma ideia deve ser julgada por um painel de especialistas que opinam se a ideia é "nova" e "tecnicamente brilhante". No entanto, no contexto de negócios, "bem executada" significa comercialmente bem-sucedida. Quando apontei que não há correlação conhecida entre a opinião de especialistas sobre novidade ou brilhantismo técnico e sucesso comercial, ele simplesmente reafirmou a proposição de uma maneira diferente: "Criatividade é o potencial de uma ideia, e execução é a extensão em que esse potencial é realizado." Claro, não havia definição de potencial ou como ele seria medido em sua resposta. Desisti de tentar ir mais a fundo.

Claramente, tanto o acadêmico quanto a profissional da área são controlados pelo modelo: "Uma ideia medíocre bem executada é melhor do que uma ótima ideia mal executada." E, claro, ambos continuam a trabalhar arduamente no problema de por que a execução de grandes ideias é tão ruim e em melhorias nas "práticas de execução". Prevejo que eles trabalharão nesse problema sem progresso por um longo, longo tempo.

Minha esperança é que, ao contrário do acadêmico e da profissional da área, você abra ao menos uma fresta em sua mente para cada um dos quatorze modelos. Imagine por um momento que um modelo que o mundo dos negócios tanto ama é, de fato, falho e, em resposta, experimente um modelo diferente. Se não trouxer melhores resultados, apoio totalmente sua decisão de voltar ao modelo dominante. Mas quanto mais você e outros testarem os catorze modelos alternativos, mais a prática da administração avançará. Ao observar os resultados de seu uso, você será capaz de ver coisas que eu não vi e avançar ainda mais os modelos, o que aumentará a eficácia líquida da gestão. Esse foi o meu propósito ao escrever este livro.

Índice

A

A Arte Retórica 72–73
Abilene, Paradoxo de 87
abordagem
   baseada em possibilidades 61–65
   interativa de aprendizagem 169
   orientada para o design 165
   participativa para a elaboração de estratégias 168
Accenture 106
acionista(s) 182
   criar valor para 25–27
   TSR retorno total para o acionista 32
   valor agregado do acionista (SVA) 178
acionistas 6
ações, opções de 31
Airbnb 42
algoritmo(s) 104, 108–110
Alibaba 110
Alphabet 181
Amazon 13, 35
Amcor 89
Andrews, Kenneth 142
Android 42, 188
Ant Financial 109
antitruste, reguladores 191
AOL 193
Apotheker, Léo 194
Apple 55, 86, 162, 188
aprendizado de máquina 109
argumentação convincente e poderosa 73

Aristóteles 67–68, 72–74
artefato projetado 163
atividades-chave 8
ativos irreversíveis 177
AT&T 188–191
Autonomy 188, 194
Axalta 174

B

balanço patrimonial 176–178
Ballmer, Steve 151
Banco Internacional do Peru 167
Barad, Jill 194
Baumol, William 177
Berkshire Hathaway 188
Berle, Adolf A. 24
BlackBerry 42, 75, 86
Boeing 13, 17, 130
Bossidy, Larry 137
Boston Consulting Group 41
Brady, Tom 155
Brown, Antonio 156
Buchanan, Richard 163
Buffett, Warren 188
Burke, James 28

C

capital 176–178
   custo de 179–185
   incorporado 176
   mercados de 151
capitalismo 24–25

CAPM (modelo de precificação de ativos) 178
Carlyle Group 174–186
Carnegie Institute of Technology 67
CEOs 18, 24, 152
   foco na construção do negócio 30
Champion, David 4
Chanel, Coco 162
Charles Schwab 188
Chessman, Jorge Yzusqui 170
Chrysler 191
Clarins 51
cliente(s) 13–23, 139
   atendimento ao 140
   lealdade do 7
   maximização do valor do 32
   priorize os 25
   satisfação do 28
Cobb, Randall 156
Coca-Cola 13, 29, 35, 117
Colgate 38–39
Colt, Samuel 74
compliance
   função de risco e 116, 122
   regulatório 18
comportamentos interpessoais 87
comunicação 45–46, 73–74
Concepción Lacteos 172
concorrência 6, 13
   entre produtos 15
   linha de frente 14
conexão emocional, criar uma 73–74
conflitos interpessoais 84
conhecimento
   economia do 151
   melhorando a base de 148
   trabalhadores do 98
   transferência do 103
conhecimento, trabalho de 8
consumidores
   deslealdade 38
corporativas, funções 8, 112–115
Covid-19 118
CPV custo dos produtos vendidos 101
Crest 38–39

criatividade 23, 54
cultura 7, 14, 81–92
   de inclusão 53
   de inovação 111
   mudança 97
   orientada para servir 31
Curva de Experiência 41
custo(s)
   controlados pela empresa 129
   custo médio ponderado de capital (CMPC) 178
   gerenciamento de 71–72
   inflar 23
   previsibilidade dos 130

D

Daimler-Benz 191
Danaher 191
decisão, tomada de 14, 36, 45–46, 62, 103, 114, 141
   baseada em dados 7, 66
   desconstruir em partes para 69
   estratégica 135
   sobre estratégia de negócios e inovação 68
decisões, fábrica de 99–103
desempenho 32, 89–94
   expectativas 26, 63
   sustentado 35
design
   centrado no ser humano 170
   de intervenção 163–165
   inteligente e eficaz 162
design thinking 71–72, 163, 173, 175–186
Dimon, Jamie 137
DirecTV 188
Disney 104
Doritos 43
Doutrina da Utilidade Implacável 96
Dow 190
Dow Jones 102
Drucker, Peter 10, 25, 81, 100
DuPont 174–186, 190

DVGA despesas com vendas, gerais e administrativas 101

E

Eames, Charles 162
eBay 42, 151
Einstein, Albert 5, 67
elogios 159–160
Era 43
escala
  corporativa 20
  operacional 18
escolha(s) 141
  abordagem da pessoa preguiçosa à 62
  barreiras para a 60
  do produto líder no mercado 37
  modelo de cascata de 145
estratégia corporativa 23
estratégia(s) 7, 14, 35, 49–56, 81, 111, 127, 131, 137, 165
  corporativa 87
  modelo de execução de 145
ethos 72–74
execução 9, 137–149, 199
experiência do usuário 163

F

Facebook 34, 40, 190
falsa crença 71–72
far-outside-in, perguntas 55
Febreze 43
FedEx 104, 114
feedback, ciclos de 84
fidelidade, taxas de 38–39
Financial Accounting Standards Board (FASB) 194
fluência
  associativa 74
  de processamento 36
fluxo de caixa residual (RCF) 179
Fortune Brands 190
Four Seasons Hotels and Resorts 117, 145
Frito-Lay 17, 192

G

Galaxy 45–46
Gates, Bill 151
GE Capital 191
GEICO 188
General Electric 29, 98–103
Ghemawat, Pankaj 177
Gillette 22, 108
Global Business Services (GBS) 107
Goizueta, Robert 29
Goldman Sachs 114
Google 13, 35, 55, 86, 114, 151, 181, 187
Grant, Adam 188
Gronkowski, Rob 156
Grupo Lego Brand 70–71
Gutekunst, Brian 154

H

habilidade crítica 68–69
hábito(s) 38–42
  inconsciente 7
  tomada de decisão subconsciente e orientada pelo 45–46
Hamel, Gary 132
Harvard Business School 67, 168
Henderson, Bruce 41
Henretta, Deborah 109
heurística 104–110
hierarquia 14–18, 28–29, 139, 147
hipóteses 50, 63
Hollywood, estúdios de 106
HP 98–103, 107, 187

I

IBM 107, 190
IDEO 164, 168
IKEA 35
índice preço/lucro (P/L) 26
Innova Schools 169
inovação 9, 30, 111, 151
  centradas no usuário 71–72
  de produtos 74

hub de 168
tecnológica 21
inside-out, perguntas 55
Instagram 34, 42
Intel 104
interações com os usuários 173
Interbank 167
Intercorp, Grupo 167-173
intuição 36
investidores 174-186
investimento(s)
  acumulado 17
  de capital 9, 175-186
ITT 190

J

Jensen, Michael C. 25
Jobs, Steve 68-69
Johnson & Johnson 13, 28, 178
Johnson, Robert Wood 28
Jones Lang LaSalle 107
Jordan, Michael 153

K

Kahneman, Daniel 45-46
Kamen, Dean 75
Kelley, David 162
Khan Academy 171
Kissinger, Henry 94
Knudstorp, Jørgen Vig 70-71
Kraft Heinz 191
Kullman, Ellen 174-186
Kumerow, Jake 154

L

Lafley, A. G. 5, 18, 87
La Victoria Lab 168
Lazaridis, Mike 42
Learning Company 194
LiquiForm 69-70
Listro, Joe 63
livre-arbítrio 68, 130
Loewen Group 190
Loewy, Raymond 162

logística de entrega direta à loja (DSD) 192
logos 72-74
L'Oréal 13, 51
Love, Jordan 154
lucratividade 9, 21, 41

M

M&A fusões e aquisições 9, 187-196
Mahindra Group 189
Manitowoc 190
marketing 83-85
  profissionais de 38-45
Markman, Art 42
MassMutual 164
masstige, experiência 53, 64
Mattel 194
McDonald's 104
McKinsey & Company 106
McNair, Bob 156
Means, Gardiner C. 24
Meckling, William H. 25
Merck 22, 106
metáfora(s) 74, 138, 144
método científico 67
Microsoft 13, 86, 187
Mintzberg, Henry 131
modelo(s) 4-10
  de cascata de escolha 147
  de negócios 35, 56, 117
Monitor Company 152
Motorola 187, 190
mudança
  de design 43
  em larga escala 165
  pode ou não pode 68-69
MySpace 39-40, 188

N

narrativa(s) 13
  convincentes 76
  persuasivas 72-74
Netflix 44
New Coke 34
News Corporation 40-41, 188-189

Newton, Isaac 5
NeXT 188
Nivea 51
Nokia 86, 187
Norwich Eaton Pharmaceuticals 193–196

O

Oculus 190
olhar crítico 60
Ollila, Jorma 86
opções criativas 51
organização
    desempenho da 91
    de serviços compartilhados 107
    mecanismos direcionais 83–86
outside-in, perguntas 55

P

Pane, Camillo 85
Panzar, John 177
Passerini, Filippo 107
pathos 72–74
Peirce, Charles Sanders 3
pensamento
    lento 45–46
    rápido 45–46
PepsiCo 13, 34, 98–103, 192
Pepsi-Cola 117
persuasão, elementos da 74
Perú Pasión, programa 172
pesquisa etnográfica 72–73
pesquisas comportamentais modernas 35
P&G Procter & Gamble 91
planejamento
    de receita 130
    e estratégia 127
    zona de conforto 133
Polman, Paul 30
Porter, Michael 35
portfólio, composição do 19
possibilidade(s)
    criação 54
    desconfortável 55
    estratégicas 50–53
Prahalad, C. K. 132
private equity 174–176, 186, 190
Procter & Gamble 13, 50, 100, 115, 193
    processo de stage-gate 3
produtos
    abandonar x adicionar 21
    criar 113, 150
    desenvolvedores de 165
projeto(s)
    abordagem baseada em 108
    como o princípio organizador 105
prototipagem 165
    testes de 76

Q

Quaker 19, 192

R

Rand, Paul 162
Rappaport, Alfred 178
rebranding 34–35
Regra de Ouro 145
retorno sobre o capital investido (ROIC) 184
Revolução Industrial 67
risco(s)
    avaliação de 114
    gerenciar 8
    significativo 104
Rodgers, Aaron 151, 154
Rodríguez-Pastor Jr., Carlos 167–173
Rotman School of Management 91–96, 159

S

Samsung 42, 45–46, 86
Schein, Edgar 81
Schmidt, Eric 151
Segway, fracasso do 75
Seis Sigma 175–186
serviços
    abandonar x adicionar 21
    valor dos 15

Sharp, Isadore 118, 145
Simon, Herbert 163
Snapchat 34
soluções orientadas a processos 71–72
Southwest Airlines 35
SPAC companhias de propósito
    específico de aquisição 187
stakeholder(s) 6, 25, 71–72, 162
  externos 92
status quo 55
  armadilha do 70–71
  desvio significativo do 166
Sterman, John 1
Supermercados Peruanos 171

T

talento(s)
  atração e retenção de 9
  conceito de 152
  distintivo 151
  empresarial 151
  função de 118
  reconhecimento 159
  requisitos para a gestão de 160
Taobao 110
Tata Group 189
Taylor, David 32
Taylor, Frederick Winslow 66, 105
TD Ameritrade 188
Tesla 26
Tide 35, 37–38, 41–44
Time Warner 188
Timken 190
T-Mobile 117
Tumblr 188
Tylenol 28

U

Unilever 13, 30, 105
Universidade Columbia 67
Universidade de Chicago 67

V

valor
  agregado 16–23
  competitivo 15
  contábil médio 185
  criação de 178, 189
  dos lucros futuros 26
  proposta de 39–40, 46, 117, 141
valor econômico agregado (EVA) 178
Vanguard 35
vantagem
  competitiva 115, 132, 190
    natureza da 35
    sustentável 36
  cumulativa 36–41
  de habilidade 192
Verizon 117

W

Walmart 55, 114
Webex 157
Welch, Jack 29
Wernerfelt, Birger 132
WestRock 115
Whitman, Meg 151
Willig, Robert 177
Wolf, Ron 156
Wozniak, Steve 68–69
Wright, Frank Lloyd 162

Y

Yahoo 188
Yuan, Eric 157

Z

zona de conforto 128
Zoom 158

Agradecimentos

Tenho dois agradecimentos que estão acima dos demais. Joguei uma moeda para decidir por qual começar — cara, meu editor e coroa, meus coautores. Deu cara!

Tenho uma dívida de gratidão de doze anos com meu principal editor da *Harvard Business Review* (HBR), David Champion. Ele foi designado para um artigo que eu havia submetido à HBR em 2009 (publicado em 2010). Eu já havia escrito oito artigos para a HBR com uma variedade de editores, então assumi que, após o artigo de 2009, outra pessoa seria o editor. Mas foi uma experiência tão agradável e produtiva que eu esperava estar errado. E estava. A HBR continuou designando David para meus trabalhos e, em 2021, tínhamos publicado vinte artigos juntos. Onze desses vinte se tornaram capítulos deste livro, junto com um novo artigo de 2022, em um total de doze. Além disso, ele me ajudou a desenvolver e editar os dois restantes, um baseado no meu artigo da HBR de 1993 e outro inteiramente novo.

David é um ótimo editor e um excelente parceiro de trabalho. Normalmente eu lhe envio muito texto contendo muitas ideias, e ele ajuda a descobrir as ideias mais convincentes e a maneira mais eficiente de apresentá-las. Ele aprimora meu trabalho, o que é a melhor coisa que um editor pode fazer por um escritor.

Além disso, o livro foi ideia dele. Ele enxergou uma linha conectando meus artigos que achei bastante convincente. Muito obrigado, David.

Cinco dos capítulos foram originalmente escritos como artigos da HBR com coautores, todos os quais foram contribuintes fabulosos para o resultado.

Dois deles foram em coautoria com A. G. Lafley, meu amigo e colaborador de longa data. Não é surpresa, considerando seu notório interesse em ambos os assuntos, que sejam "Clientes" (Capítulo 3) e "Estratégia" (Capítulo

4). Meu relacionamento com A. G. remonta a décadas, e é difícil distinguir com clareza de qual de nossas mentes uma determinada ideia surgiu porque provavelmente veio de ambas.

O Capítulo 4 teve mais dois coautores. O primeiro é Jan Rivkin, que trabalhou comigo na Monitor Company e depois saiu para seguir o que acabou sendo uma carreira acadêmica extraordinariamente bem-sucedida na Harvard Business School. Ele foi a inspiração para escrever o artigo. Aprendeu comigo o processo de desenvolvimento de estratégia apresentado no artigo, quando trabalhava na Monitor, e o ensinou a seus alunos da HBS, sendo recebido com entusiasmo. Com base no sucesso ao ensiná-lo, ele passou a acreditar que seria um excelente artigo para a HBR. Seu bom amigo, Nicolaj Siggelkow, um excelente professor de estratégia da Wharton, também lecionou o material e tornou-se parte integrante da equipe de redação de artigos. Nosso quarteto acabou por ser uma equipe incrível, e eu sou grato a todos os três coautores por suas contribuições para este capítulo.

Meu coautor no artigo original da HBR apresentado no Capítulo 5, da Parte "Escolhas", foi Tony Golsby-Smith. Conheci Tony, um australiano fundador da Second Road, uma empresa de consultoria em inovação em Sydney, por meio de meu trabalho em design. Durante nosso trabalho em conjunto, ele me convenceu de que ajudar o mundo dos negócios a entender o pensamento de Aristóteles poderia contribuir para melhores resultados de inovação. No devido tempo, decidimos escrever um artigo da HBR juntos. Demorou muito tempo, o mais longo de todos os meus artigos da HBR, mas o esforço valeu a pena.

Minha coautora do artigo original da HBR apresentado no Capítulo 8, "Funções Corporativas", é Jennifer Riel, minha colega de longa data e coautora de *Creating Great Choices*. Juntos, trabalhamos tantas vezes para ajudar as funções a fazer a estratégia que achamos que o mundo precisava de um primeiro artigo sobre por que e como fazer a estratégia funcional. Foi ótimo trabalhar com Jennifer em um artigo que estabelece as bases para um assunto tão importante quanto a estratégia das funções corporativas nos negócios modernos.

Por último, mas não menos importante, meu coautor do artigo original da HBR apresentado no Capítulo 12, "Inovação", é Tim Brown, meu colaborador de longa data em tudo que envolve design. Trabalhamos na interseção de design e estratégia por muitos anos, e esse foi um dos produtos dessa colaboração.

Então, muito, muito obrigado, A. G., Jan, Nicolaj, Tony, Jennifer e Tim. Suas colaborações foram fundamentais para este livro.

Este é o meu oitavo livro com a Harvard Business Review Press (HBR Press). Tenho uma equipe maravilhosa lá. Jeff Kehoe foi o editor de aquisição de todos os oito livros. Adi Ignatius, editor-chefe da HBR e editor da HBR Press, é sempre um apoiador maravilhoso do meu trabalho na HBR Press e na HBR. Além disso, a equipe de Sally Ashworth, Julie Devoll, Stefani Finks, Erika Heilman, Felicia Sinusas e Anne Starr tem sido fantástica como sempre.

Neste livro, trabalhei novamente com a equipe de publicidade de Barbara Henricks e Jessica Krakoski, da Cave Henricks, e, mais uma vez, foi um grande prazer.

Finalmente, quero agradecer à minha esposa, Marie-Louise Skafte. Meu maior período de escrita e produtividade de pensamento aconteceu a partir de 2013, ano em que conheci Marie-Louise. Não acho que isso seja uma coincidência! Obrigado, Marie-Louise, por ser uma grande parceira, apoiadora e musa inspiradora.

— **Roger Martin**
Fort Lauderdale, Flórida

Sobre o Autor

ROGER L. MARTIN foi nomeado o pensador de gestão número um do mundo em 2017 pela Thinkers50, um ranking semestral dos pensadores de negócios globais mais influentes. Ele atua como um confiável consultor de estratégia para os CEOs de empresas em todo o mundo, incluindo Procter & Gamble, Lego e Ford.

Martin é professor emérito de Gestão Estratégica na Rotman School of Management da Universidade de Toronto, onde atuou como diretor de 1998 a 2013. Em 2013, ele foi nomeado Reiretor Global do Ano pelo site líder da faculdade de negócios, Poets & Quants.

Martin é autor de doze livros, incluindo *Creating Great Choices*, escrito com Jennifer Riel; *Getting Beyond Better*, escrito com Sally Osberg; e *Jogar para Vencer*, escrito com A. G. Lafley, que ganhou o Thinkers50 Best Book Award em 2013. Além disso, ele escreveu trinta artigos para a *Harvard Business Review*.

Martin se graduou em Administração na Harvard College, com ênfase em Economia, em 1979 e obteve seu MBA na Harvard Business School em 1981. Ele mora no sul da Flórida com sua esposa, Marie-Louise Skafte.

Este livro foi impresso nas oficinas gráficas da Editora Vozes Ltda.,
Rua Frei Luís, 100 – Petrópolis, RJ.